辺境(フロンティア)を旅すれば
アメリカが分かる

杉野 繁

文芸社

はしがき

　アメリカを旅行すると傲慢とも取れるアメリカ人の強い主張に半ば呆れ、半ば感心する。金銭の損得が絡むと獰猛な野獣になり、パーティーに参加すると巧みな印象を与えて自分を売り込むセールスマン。

　ディズニーランドやハリウッド映画のイメージに覆われたアメリカは、外には経済支配を目的とした冷戦構造を模索する戦争マシン、内には"富"を獲得するための熾烈な競争……を擁する帝国である。いくら上海に世界の投資が集中しようと、あらゆる面でディファクトスタンダードをリードし続けるのはアメリカであり、衰退産業は自然死させる替りに金融と軍事では絶対にNo.1の地位は死守する。最近では中国に軍事的脅威を与え、北朝鮮の核問題解決に奔走させている。

　この帝国に足を踏み入れると、"富"の攻防はそのルールの公平性に焦点が集中し、自由と権利を無限に拡大させるドラマが繰り広げられている。日本人にとって、民間あるいは対政府に果てしなく続く闘いのドラマは見ているだけでも疲れるが、これこそがアメリカの民主主義を発達させ、市民が日々自立していく源泉となっている。そこには感動、励ましの物語も生まれやすい。不可

能を可能にするドラマも自演できる。ハンディキャップ等を負う弱者には躊躇なく助けの手を差し伸べ、人ごみの中の暴漢に立ち向かう正義感に熱狂する。

外には巨体を揺るがすアメリカは、内には自由、平等、民主を軸にした戦場があり、英雄を演じる大統領に熱狂してもこのメカニズムが冷徹に機能し始めると市民の多数意見の方向に収斂(しゅうれん)していく。一方、この国には同質的なアメリカ社会といえるものはない。宗教、人種、所得、それに南北戦争などの歴史的背景……がそれぞれのコミュニティーを形成し、その多様性が織りなす集合体がアメリカと言えそうだ。一つの国の中に異質な社会が点在するということはそれだけでアメリカは既に国際化していることにもなる。

昨年アメリカを中心としたイラク侵攻で世界的に広がった嫌米感は"憧れと服従心"の間で迷走する親米国日本にも浸透した。

戦後ほぼ60年、一見健全そうに見える日本の民主政治だが、平和憲法だけでなく既存政党はすべてアメリカ製で、日本製は昨年、自民党に肉薄した民主党だけである。

アメリカが植えつけたこの傀儡政権はやがて中央省庁の官僚に支配され、自民党議員を代理人とする利権集団に変貌した。アメリカが当初描いたものとは違うものに

なってしまったこの利権集団は、アメリカにとって便利な存在であり続けることを約束し、組織を膨張させてきた。結果的に、日本の行政はアメリカには媚びる一方、自国民を飼育して行政に諂(へつら)わせるという矛盾を孕んでいる。

多くの日本人は時間、労力、コストが伴う役所への義務を果たしている間に人生を終えてしまう。この変遷の中で、"敗者"は自ら判断することを放棄させられた国民であり、日本人が失ったものは計り知れない。半世紀もの間、官僚支配の"傀儡政治と利権の巣"に浸かっているとワクワク、ドキドキする人生を忘れてしまうのか、役所から睨まれないよう減点を気にする性格は北朝鮮並みだ。

アメリカ市民と日本国民を入れ替えれば日本では毎日暴動が起きることは予想がつくし、逆にアメリカでは憲法起草から始めねばならないだろう。一般のアメリカ人でさえも日本の工業技術には敬意を払うものの、日本人を見る目が贈収賄や独裁政治が行われる発展途上国並みなのは、官に飼い馴らされて人間らしさを失った姿を目のあたりにしているからである。確かに"国民性の違い"なるものは存在するのかも知れないが、ことさらこの単語を借りて自虐的に釈明するのは日本人ぐらいで、これも官僚が描いた日本特殊論に陥ってしまっているのでは

なかろうか？　無意味な因習、風習を取り去れば、どの国でも人間の本質に変わりなどあるはずはない。

　アメリカの辺境を彷徨う観光は市民権、人間らしさ、価値観についてヒントを与えてくれるだけでなく、人を偏狭にさせる束縛からも解放してくれる。
　辺境への観光……働き好きの日本人がちょっと後ろめたさを感じるこの遊びにこそ無駄のない経験が詰まっているのだ。なぜなら観光とは冒険、交渉であり、異なる価値観との闘いとも思えるからである。それには個人旅行が原則である。真剣な他流試合ができない団体旅行ではこれらの経験は得られない。
　広大なアメリカの大地を這って進むと思わぬところでこの人造国家の歴史街道にでくわす。簡単に借りられるレンタカー、わかりやすい道路標識、渋滞のないインターステートやハイウェー、点在するモーテル……それに少々の好奇心があれば十分である。
　余談ながらアメリカのインターステートの総距離は奇しくもローマ帝国のローマ道と同じく10万キロである。

　本書は私がアメリカに販売会社を設立に行った1979年からの５年間、生産工場を建設に行った1987年からの５年間、計10年にわたる駐米生活の中で実践した"地を這

う"ドライブをまとめたものである。

「晴れた日にはGMが見える（You can see GM on a clear day）」（元GM副社長デローリアン著）はGM内部を暴いた本として脚光を浴びた。「辺境を旅すればアメリカが分かる（You can see America through the frontiers）」……と考えた私は、家族を伴い、北米３万キロの旅に出た。

ビジネスの橋頭堡を造るというより、移住するつもりで単身渡ったアメリカで、私は、永年そこに生活してきたアメリカ人に対し知識や習慣の点でのハンディを実感し、いかに早くそれらを克服するかの問題に直面した。いくら専門知識や語学力があっても教科書的対応だけでは相手を動かすことはできない。本質的なコミュニケーションが機能しないのである。まして独特の経営風土を持った日本企業は東京本社の意向に右顧左眄し、それを見透かしたアメリカ人社員はうまく立ち回る傾向にある。

恒常的にマンパワーが不足する海外業務は一人で何役もこなさねばならず、結果を出そうとする意識が背中を押すなかで、観光に多くの時間を割くことはできない。だが私自身わずかな時間を作り、観光に出掛けた理由は、それこそが、アメリカ人の深淵に迫り、目的達成のための必須条件と位置づけたからである。

もう一つの理由は家族と冒険を共有するためであっ

た。海外駐在員は仕事柄、家族と過ごす時間が少なく、休暇がその役割を担う。それならば内容を濃くし、苦楽を経験できる冒険にしよう……ということである。

　本書はアメリカを礼賛する旅行案内書ではない。アメリカの内側を観光することが健全な日本市民を育む端緒になることを期待するものである。

　　2004年2月

　　　　　　　　　　　　　　　　　　　　杉野　繁

辺境(フロンティア)を旅すればアメリカが分かる＊もくじ

はしがき ——————————————————————— 3

バケーション ———————————————————— 13

第1章　初めての西部（1979年8月）————————— 16

第2章　五大湖一周（1980年8月）————————— 30

第3章　ジャマイカ（1982年12月）————————— 41

第4章　ニューオリンズ（1988年3月）———————— 58

第5章　ニューヨーク、ワシントンＤＣ（1988年8月）
——————————————————————————— 75

第6章　ニューイングランド（1989年8月）————— 93

第7章　再び西部へ（1990年8月）————————— 106

第8章　最後のロングジャーニー（1991年8月）—— 138

巻末資料／私のドライブした北アメリカの歴史街道地図

辺境(フロンティア)を旅すればアメリカが分かる

バケーション

　日本から一歩外に出れば、"タテ社会"が機能しない別世界である。アジア諸国で傲慢な素行が目立つ日本人も、欧米では哀れみを誘う無力なアジア人の一人でしかない。

　欧州人が白人優位を確信したのは16世紀初頭、スペインの探険家コルテスがアステカ文明を滅ぼした時だと言われている。それからわずか100年後の18世紀には、欧州人にとって世界中の危険な人種はすべて武力で滅ぼしていたので、彼らは自由に世界を旅行できたのである。これで世界支配が決定したかに見えた時、欧州人の安寧を打ち破ったのが日露戦争での日本の勝利であった。つまり、日本人が白人の400年にわたる概念を覆したのである。

　それから見ると、現代の日本人は飼い馴らされた家畜か養殖魚のようで、いかにもフィーブル（弱々しい）である。生産を伴う団体戦には勝っていても、生産以外の個人戦には初めから尻尾を巻いているようなところもある。しかし精緻な生産の受益者はむしろ生産者より中間

業者や消費者のほうかも知れないし、技術移転できる生産技術は未来永劫日本が優位とも限らない。やはり個人が自立しなければならない。進出企業の経営者は、入れ替わり交替する日本人駐在員がいかに早くその会社に適応し、自立できるかにも関心を払わねばならない。親方日の丸であれば快適な面もあるが、進出企業の社内で日本人全体の地位低下を招けば、ビジネスも低下するからである。現地雇用者たちが腹芸や目つきによる日本人同士の会話を不気味だと感じたり、論理とかけ離れた回答が返ってきたりすると、会社を見限って優能な人材がいつかなくなる。また進出企業の中は日本そのものなので、日本人が会社内で自由にふるまえることとアダプタビリティ（適応性）とは別物である。

　海外拠点の中にいるだけでは本質的な経験はできないので、その国を知るにはできるだけ遊ぶことである。その国を知りたいならできるだけ観光をする……は鉄則であると思う。

　人間は五感がある限り、情報で得られるものだけでなく、感覚でとらえることができる。実はこの感覚が社会生活においても仕事を進める上でも非常に重要である……というのが私の経験則である。社会の価値観や社会のリズムまで実感でき、未知に遭遇すると知識欲も湧いてくる。私はこの考えを持って、社内の日本人駐在員に観

光を強く勧めた。私が勧めた観光とは、

　1. 飛行機を使わず車で地表を這う旅行をする。

　2. ホテルの予約や綿密な旅程を立てずに、行き当たりばったりの旅行をする。

　理由は簡単で、まず飛行機で日本人が集まる所へ行くなら日本の旅行案内書を読めば済むことだし、予約で身動きできない旅行は日本の団体旅行と同じだからである。観光は広い意味でアドベンチャー（冒険）である。旅行者が町で道順を尋ねるものから、駐在員が今日の宿泊地を探索するものまで、すべて予期せぬハプニングと困難を克服するゲームと考えればその楽しさも倍増する。私自身、北アメリカの大地を這ってアドベンチャー（冒険）を満喫した。

第1章　初めての西部 (1979年8月)

　せっかくアメリカに来たからには西部の町を見てみたい。映画でしか見たことのない西部は、一体どんな所なのだろう。駐在して1年はそんなことを考える余裕もなかったが、2年目の今、精神的余裕も若干はできた。

　1979年夏、来週一週間はバケーションを取るゾ！　と決めただけで、行き先も前日まで決まらない。6000ドルで買ったポンティアック・カタリーナは初めてのダウンサイジングで幾分小さくなったが、それでも5000ccのV8エンジンはゴロゴロと往年のアメ車のおおらかさを残している。羅針盤はランドマクナリーの全米道路地図のみ。荷物をフルサイズのポンティアックに詰め込むと、3歳の長女を連れて一家3人はエバンストン市から西に向かった。

　インターステート80を西に走り続けると、ミシシッピー川を越えてアイオワ州に入る。まったく距離感がなかったが、地図と見比べて今晩はオマハ市に泊まろうと決め、地平線まで続く穀倉地帯をひた走る。点在する農家を見ると平和そうだが、時折休憩するガソリンスタンド

の店員は無愛想そのもので、辺境の地ではどこの国でもやはり偏狭になってしまうものかも知れない。アイオワ州の人々は顔つきから見るとドイツ系が多いようで、トリプルA（American Automotive Association）でもらった案内書には"When the state of Iowa was open……（アイオワ州が開放された時には……）"と書いてあり、先住民であるインディアンを一掃した時、一家に200エーカー（約800km^2）ずつただで土地を与えたとある。

　我々の世代にとってアメリカというと、ＴＶドラマの「名犬ラッシー」や「パパは何でも知っている」などに代表されるように、人々は寛大で物が溢れる社会とのイメージがある。実態はどうなのか。どうやら違うようだがこれから見てやろう……といったところだ。第１日目でそのイメージは覆されそうだ。やはり食うや食わずの人間たちが連邦政府の土地給付を待ってなだれ込んできたのが実態ではなかろうか？　アメリカ人は世界で最も美しい国がアメリカだと主張するが、それはヨーロッパ系のアメリカ人の話であって、黒人やインディアンにとっては賛成できないところもあるに違いない。

　10時間くらい走るとオマハに到着。距離を見ると540マイル（864km）を指している。アメリカ人の話によると、一日の平均走行は300〜500マイル（480〜800km）が無理のない距離と聞いていたのでよく走ったほうだ。時刻は

午後の7時頃だが、西に向かって走っていたので未だ明るい。

オマハ街道

　これから宿探しだ。オマハの街を物色していると、レンガ造りの建物が古びて何か荒れた光景である。その時、東洋人が道路を横切った。ここに東洋人がいるわけがない！　顔立ちは男だが、髪を伸ばしている。浮浪者ではないが身なりはよくない。アメリカ・インディアンだ……と思った瞬間、何か現実を見せられたような気がした。アメリカに来て初めて見たインディアン。昔、オマハトレイル（オマハ街道）と呼ばれたシカゴからの終着駅はカウタウン（牛の取引街）であったらしい。多くのカウタウンは、以前はファートレード（毛皮の取引所）であったので、今でもインディアンが住んでいるのだろうか？

　町外れにモーテルを見つけ、チェックイン。初めての長距離ドライブに疲労困憊したので、倒れるようにベッドに入り込む。インディアンのうらぶれた姿を見てからは、アメリカの歴史に興味が出てきた。

　翌日、朝食をとりながらランドマクナリーの道路地図を見ていると、アイオワ州の北に位置するサウスダコタ州にはアメリカ・インディアンの居留地が集中している。

ここから最終目的地であるバッドランドに行くには、このままインターステートを西に340マイル（544km）走り、ステートロード（州道路）27を北へ180マイル（290km）行く方法と、インターステート29を北上してスーフォールズ（スー族の滝）でインターステート90を西に行く方法がある。インターステートとステートハイウェーの違いは、幹線のほうが事故に遭った時に救助されやすいというだけで、大平原に来るとコーンフィールド（トウモロコシ畑）の中を地平線に向かって走るという点では同じだ。結局ビギナーとしては、安全策をとってインターステートを通ることにした。スーフォールズ（スー族の滝）という名前も魅力的だ。

　筋肉痛の体を無理やり運転席に向かわせると、尻が立った姿勢でいたいと訴えるので明日からが思いやられそうだが、2日目からこんなことでは楽しいはずのバケーションにも耐えられない。ひいてはアメリカも理解できない。こねた理論で自分をごまかしながら100マイル（160km）走るとスーフォールズに着いたが、昼前に出発したので先を急がなければならない。

　この先、大きな町といえば、地図上にはラピッドシティーが書かれているが、スーフォールズから330マイル（528km）もある。オマハからラピッドシティーまで直行すると430マイル（688km）になり、シカゴからオマハま

での距離より90マイル (144km) も多い。強行すると明日になるが、肉体的には無理だ。私はようやくアメリカ大陸の大きさが分かってきたような気がした。

スーフォールズから125マイル (200km) 西に行くと、再度ミズリー川が現れる。しばらくぶりに見る起伏に何かホッとする心境になるのは、やはり日本人のせいであろうか。妻子は仮眠したりはしゃいだりいい気なものだ。河岸を見ながらしばし休憩。大西部の川面に映える夕陽が美しい。レンジャー部隊のオフィサーが来て、4歳になった長女に話しかけると、なんと会話が成立している！　アメリカに来て半年にしかならないのに、キンターガーテン（幼稚園）に通うと子供の語学習得は速い。

アメリカ先住民

何だか運転も嫌になった……と思って地図を見ると、15マイル(24km)北にアメリカ・インディアンのリザベーション（居留地）があるではないか。宿がなかったらどうするのと嫌がる妻を10分かけて説得、日没前に着くために急がねばならない。

15分くらいステートハイウェー47を北上すると、「Crow Creek Indian Reservation（クロークリーク・インディアン居留地）」と書かれた小さな看板が木にかかっているだけで、街らしいものはない。しかもその看板自

体は小さく、しかも壊れかけており、見逃しそうである。車の揺れも大きくなり悪路が続く。今までスムーズに来たのに……と思い出すと、あの看板を越してから急に道が砂利道になったのだ。さらに20分くらい走ると家が点在し始め、目抜き通りに出た。目抜き通りとはいっても、日本でいうと人口1000人くらいの村のそれである。夕暮れであるが、すれ違う車や警察官はすべて東洋人の顔立ちだ。彼らが先住民のアメリカ・インディアンだ。本物だ。誰もこちらに関心を払わない。同人種と思っているのかも知れない。何だか変な気持ちである。それでもよく見ると男性はガッチリした上半身で厳めしい。女性は、特に若い女性は息を飲むような美しさである。中には茶髪の人もいて、混血も征服の過程であったことを物語っている。地図で見ると、どうやらステートハイウェー47と34が交差したフォート・トンプソン（トンプソン砦）という街のようで、超大国アメリカ内で別世界に迷い込んだ日本人家族といったところだろうか……。

　宿は簡単に見つかった。この規模の街ではモーテルも2〜3軒しかないのだろう。客の大半は人相の悪い白人で、ミズリー川の釣客のようである。粗末なモーテルであるが、泊まる設備は一通り揃っており一安心。旅装を解いて表に出ると、長女がインディアンの子供と遊んでいる。子供には国境はないものだ……というより、同じ

ような顔つきなので、親のほうも外国にいるという概念もなくなっている。

　2日目の走行は250マイル（400km）。このくらいが一番無難そうである。白人からレッドスキン（Red skin）と差別的に呼ばれることもあるアメリカ・インディアンは、おとなしいの一語に尽きる。当時アメリカ・インディアンについてはあまりにも知識がなさすぎた私は、このおとなしさについては何とも理解のしようがなかったが、この近代文明の国アメリカの中で孤立し取り残されている彼らと、単身アメリカに飛び込んでこの一年間接したアメリカ人とのコントラストが、アメリカの史実を解く鍵のように思える。白人が書いた歴史は誰でもある程度は知っている。しかし、インディアンから見た歴史はインディアンしか知らない。常に「The winner writes the history（勝者が歴史を創る）」である。

　3日目の翌朝は心地よい目覚めだ。青々と繁った森林の中は、シカゴの住宅地とは別の大自然のよさがある。おそらく何万年も変わらない景観に違いない。我が家にしては早いほうにあたる10時にフォート・トンプソンを出発し、ステートハイウェー47から再びインターステート90に乗り、一路西へ。この辺りから陸地の景観が変わってくる。木がなくなり、起伏のある草原から岩が所々顔を出している。映画の西部劇によくある景色だ。そう

か、ここがキャルバリー（騎兵隊）とインディアンが闘った現場なのか……。シカゴでアメリカ人の中にドップリ浸っているのもいいが、彼らの言うことを聞いているだけではなく、主張もしたいし論理で打ち負かすことも必要だ……などと空想しているうちに、バッドランドの標識が出てきた。フォート・トンプソンを出発してから3時間弱、約150マイル（240km）の地点である。インターステートは65マイル（104km）のスピード制限だが、実際は72マイル（115km）くらいが安全域だ。75マイル（120km）出すとスピードチケットを切られた例が多い。バケーション真っ盛りだというのにこの速度でスムーズに走れるということについては、日本のほうがおかしいと思わざるを得ない。祝祭日ごとに民族大移動と渋滞を義務づけられたような規格人間からは、もうそろそろ卒業すべきなのではなかろうか？

　ステートハイウェー377に入り10マイル（16km）南下すると、壮大な景観が目の前に広がっている。辺り一面が岩石で出来た大地で、中東の荒野と見まごうほどだ。ここにもアメリカ・インディアンの悲劇が多く潜んでいるようで、追い詰められた彼らはこの岩場の中を逃げまわったと観光客が話している。そういえばここから100マイル（160km）南には、アメリカ・インディアンの最期の場所とされているウーンデッドニー・バトル・フィ

ールドがある。一方、自然環境保護は徹底されており、レストラン、遊歩道以外に近代的な建造物はない。ゴミもなく、どこかの国の観光地とは雲泥の差があるのはいかんともし難い事実である。インディアンの居留地と自然保護。インディアンの悲劇もこの国では自然の中に組み込まれているようで割り切れないものを感じるが、環境保全だけを見れば必ずしも勝者の論理だけでは説明できないところがある。

ワイルドウエスト

壮観な眺望を楽しむこと1時間、インターステート90を降り、さらに西に70マイル（112km）走るとラピッドシティーに到着。まだ午後3時過ぎなので、しばし車を降りて観光することにする。街は往時の開拓時代のように復元されており、タイムスリップした感じである。

後ろから一人の男が私たち家族を追い抜いていった。テンガロンハットを被り、ブーツには乗馬金具のスパー（拍車）をつけたカウボーイ姿だ。やはり西部らしいと感じ入ったが、腰にリボルバーが不気味に光っているのを見つけた時は、古き良き時代を懐かしむ人がアウトロー（ならず者）の格好を楽しんでいるんだなと我々もバケーション気分に浸る。長女と記念写真を撮らせてもらおうと追いかけて声をかけると、男は急に歩くのをやめ

た。数秒してからゆっくり振り返り、"何か用かい？ ここは西部であるということを覚えておくといいぜ！"と言うと、薄笑いを浮かべながら私たちを残して歩き始めた。数歩歩くと、男は呆然としている私たち一家のほうに戻ってきて、長女との記念撮影を促した。写真を撮るには撮ったが、この数分間の出来事が理解できない。このならず者風情は粋人なのか、あるいは西部は今でもこのような生活様式なのか……アメリカ１年目の初心者は本気で考え込んでしまった。突然、前方から銃声が響き、ガンマンがこちらに走り出してくる。先ほど記念写真に応じてくれたあの「ならず者」だ。隣のサルーン（酒場）に逃げ込んだ「ならず者」と追っ手の撃ち合いが鳴り響き、取り押さえられた「ならず者」が路上に引き出される。そして数軒隣の裁判所で即刻裁判にかけられる。周りを見ると大勢の観光客が取り囲み、ようやくこれがアトラクションだと飲み込めた。裁判には早撃ち女性のカラミティー・ジェーンが証言台に立ち、ならず者のワイルド・ビル・ヒコックには縛り首の判決が下る。そして表の縛り首台に彼が上がると観光客はヤンヤの喝采。東部のジョージ・ワシントンやトマス・ジェファソンがアメリカの表の歴史とすれば、ワイルド・ビル・ヒコックやジェロニモやカスター将軍は裏の歴史だ。200年しか歴史を持たないアメリカ人は、共有する史実をいかに理解して

いるのか、新たな興味が出てきた。レストアとかリノベーションとか、修復といった意味の文字をよく見かけるにつけ、わずかな共有遺産を遺そうとする努力は寄せ集めの弱点を庇(かば)うためのユニティー（和合）なのか、どんな史実でも保全しようとする良識なのか……これから調べてみよう。

　ブラックヒルズ・ナショナルフォレストへは、インターステート90からＵＳハイウェー16を南下し、ステートハイウェーで一周できそうだ。夕暮れにさしかかり、カスターで見つけたウォータースライド（水流滑り台）付きのモーテルにチェックイン。宿は簡単に取れるが、予約すればこうは行かない。まず知らない土地で予約したホテルを探すのに時間がかかってしまうし、気に入るとは限らない。子供を連れて旅行すると、どの家族の子供を見ても観光地や移動にグッタリとしている。親の興味に振り回され、子供には選択権がない。唯一の子供の楽しみはホテルのプールで、そこで子供同士の遊びに夢中になる。ホテル側もそれを見越して大きな幟(のぼり)を立てて客寄せしている。観光地はさすがに愛想がよく、途中のガソリン・スタンドなどで遭遇したような外国人に対する無愛想な不快感はない。

　車の走行距離は1000マイル（1600km）を指しており、ブラックヒルズはシカゴから走ってきて初めての山であ

る。シカゴから東へアパラチア山脈までの800マイル（1280km）は、山はないから合計2300kmの大平原である。カスターという地名は、全滅した第7騎兵隊のカスター将軍の名に因んでつけられた。ワシントンDCから馬で2000マイル（3200km）以上も進軍したこの地で繰り広げられた壮絶なアメリカ・インディアンとの戦闘には、想像力を掻き立てるものがある。しかしなぜ白人の移住者は十分に広大な東部に満足せず、大陸全土を欲しかったのだろうか？

勝者の論理

　翌朝、マウントラシュモア・ナショナルメモリアルに向かった。ジョージ・ワシントン、エイブラハム・リンカーン、トマス・ジェファソン、フランクリン・ルーズベルトら4人のアメリカ大統領の顔が岩壁に彫られていることで有名な地である。遊覧車に乗って説明を聞いていると、観光客は皆うなずき、アメリカ国民であることを誇らしく思っているようである。学生アルバイトである案内人はマニュアル通りの説明で、鋭利に彫られた大統領の顔は初めから彼らの顔の一部の形をしていたとか、いわゆる他愛のないアメリカ史の神格化を説明している。前夜読んだ観光案内書には、この絶壁はもともとアメリカ・インディアン部族の聖地で、今でもこの部族が返還

を求めていると書かれてあった。こんな見えすいた嘘の説明をするのは、繰り返し征服の証をしようとしているのか、あるいは観光地ならではのジョークなのか……アメリカ・インディアン居留地で先住民の姿を見た直後の我々にとっては、いずれにしても征服者の驕りとしか映らない。

　競争社会での何事もポジティブ（前向き）でアグレッシブ（積極的）な都市型アメリカ人、観光地で愛国的ジョークに喜ぶ混成のアメリカ人観光客。一体どれが本当のアメリカ人なのか分からない。多様化したメルティングポット（人種の坩堝）では、このような疑問は無意味なのかも知れないが、少なくともＴＶドラマの「名犬ラッシー」や「パパは何でも知っている」のイメージとかけ離れていることは確かである。むしろこれらのＴＶドラマは、あまりにも違う過去を持つ国民にアメリカ人の理想像を示すためのものだったのではないだろうか？大体アメリカ国内で当たり前のライフスタイルがドラマになるはずがなく、これを見た日本人が勝手にこれが典型的アメリカ人家庭と思い込んだものだろう。何だかこの一件で一日中気分が悪くなってしまったが、実態を知れば知るほどアメリカ人、アメリカ社会への疑問が膨れ上がる。OK、ではアメリカ人同様、何でもポジティブに考えることにしよう。私はまだアメリカの入り口に差

しかかっただけなのだから。
　帰りは一気呵成にインターステート90を一路東へひた走り、1000マイル（1600km）を駆け抜けた。エバンストンのアパートに帰り着くと、同じ国の中なのに、西部からというよりも遠い昔から現代に戻った感じがした。

第2章　五大湖一周（1980年8月）

　アメリカ生活3年目の夏、また例によってバケーションの取り方は数日前だ。ワンマンオフィスでは、仕事の調整がつかない時は中止もフレキシブルに考えられるので楽な反面、決断しないと夏が終わってしまう危険性もある。アメリカ人たちは6月に休暇を取り始めるが、私は日本での癖が残っているせいかいつも8月になってしまう。今夏は妹が日本からバケーションに参加するというので、3人家族と合わせて4名となる。せっかくシカゴに住んでいるのだから五大湖一周しよう……と決めたのは、出発の数日前のことであった。

　車に4人分の荷物を積んでみると、トランクにスーツケース4個が楽に入り、初回のダウンサイジング（小型化）とはいえ79年型ポンティアック・カタリーナは日本車に比べてまるで戦艦のように巨大だ。アメリカ製自動車は日本車の洪水的輸入によって大打撃を被り、シボレーのXカーが脚光を浴びていた。しかしXカーすなわちシボレー・サイティションがベールを脱ぐと、日本車や欧州車の中型サイズにアメリカ車の味付けをしただけで、

相変わらず"曲がれない""走らない""止まれない"車であった。一方、アメリカの消費者はこれに飛びつき、自動車各誌も賞賛を惜しまないといった状態で、愛車という言葉に金縛りになっている曖昧な日本人から見ると異常な光景でもあった。

"金曜日に造ったデトロイトの車は買うな！ Buy American（アメリカ製品を買おう）, Support Neighbors！（隣人を支持しよう＝地元の産業を見殺しにするな！）"……等の言葉も氾濫している。私から見れば巨大なサイズこそアメリカ車の特徴でもあり、小型車を造っても同じ味付けならあえて高コストの小型車で日欧車を迎撃するのは馬鹿げている！ と思っていたが、やがてこれがデトロイトの小型車造りにも精通してくる端緒となったことも確かである。

我がポンティアック・カタリーナは、ゴロゴロと鳴くエンジン音からは快調かどうかは分からないが、フールプルーフ（誰でも使える）の恩恵で走行距離の割には故障もなく、毎日主人の忠実な僕に徹している。広い直線道路しかないアメリカでは、ここを生まれ故郷とするアメリカ車が一番適していることもうなずける。ヘドロのような利権の巣を形成する日本的車検制度がないアメリカでは、車などの持ち物は自己責任なので、道路で野たれ死にした車を年中見かける。

カナダへ

　エバンストンからインターステート94を南に下ってシカゴの摩天楼を左に見ると、職場を離れてバケーションに行く実感が湧く。「人生は楽しむために働く」……というアメリカ人の感覚に染まってきたのかも知れない。天職とは言いながら、見えすいた忠誠心の暗示に生きるどこかの国が幼稚に見えるのは、決まって仕事を離れるバケーションの時だ。

　デトロイトまでの280マイル（450km）は4時間で走破。インターステート94の一本道だが、バトルクリークからアンアーバーの間はポリスカーのネズミ捕りが多く、65マイル（104km）を守ったので、予想よりも若干到着時間が遅れた。対岸のウィンザー市はもうカナダだ。地面で国境を接していない国に住む日本人は、外国へ渡るとなるとつい肩肘を堅くするが、エリー湖とセント・クレア湖を繋ぐ1km幅の川のトンネルをくぐるだけだ。左右にはエリー湖とヒューロン湖が横たわっている。移民局ではバケーションとみればほんの10分で通すが、利益を生む商品を運んでいると見なされれば面倒だ。日本人はパスポートの提示が必要だが、アメリカ人やカナダ人は運転免許証を見せるだけで通関できる。カナダに渡って唯一違うのはメトリック（メートル法）なので、スピードはkmで表示される。またラジオは英語・フランス語の2

カ国語になる。オンタリオ州は英語圏であるが全州に2カ国語が義務づけられているため、放送や交通表示はすべてフランス語が併用されている。

　ここからナイアガラ滝まで200マイル（320km）あるが、ウィンザー市を散策したため、120マイル（192km）走ったロンドン辺りでトップリ日暮れになってしまった。子連れのバケーションはトイレと休憩がつきもので距離は稼げないし、6歳になった長女も早く寝かせないと次の日は思いやられる……といった具合で、ここらに宿を取ることにした。カナダはアメリカと同じく都市の郊外にはモーテルが散在しており、空室がある場合"Vacancy（空室）"のネオンを出しているので即見つかる。ところがどのモーテルも"No vacancy（空室なし）"のサインで、聞いてみるとロンドンは国際会議のイベントの最中であるとのこと。これが予約なし、無計画の旅の悪いところであるが、一方いかにして禍を福となすかの練習の機会でもある。心配そうに見つめる妻と妹を車に残して手当たり次第にモーテルに立ち寄るが、どこもとりつく島もなく、だんだん疲労の色が濃くなる。どのモーテルのフロントも家族連れの休暇旅行者が立ち往生しているが、10件目に飛び込んだモーテルではこちらもネバって窮状を訴えると、知り合いのモーテルに連絡を取り、"first come, first served（早いもの順）"に数名配分できる予定

だと聞きつけた。ほどなくアナウンスがあり、フロントに殺到する大勢の中に私も入って、最後のエントリーの一人となった。私の後ろにいたため外れた家族は諦めて散らばっていくしかなかった。"Squeaky wheel gets grease（ゴネ得）"の格言通り、ここでネバらねば情報は得られなかったわけであるから、やはりここ一番という時には頑張らねばならない。この点白人は"take a chance（一か八かやってみる）"に強く、日本人は外に出ると卑屈なくらいおとなしい。ただし、ゴネ得と言ってもロジック（論理）とユーモアは必要で、身勝手な感情は逆に立場を悪くする。"Cause we have a toddler, we don't wanna be on the street tonight（幼児がいるので今夜は外に放り出されたくない）"と訴え、当たった場合は"Hey, you are an Angel, you saved my life（ヨウ、あなたは天使だ。私の命を救ってくれた）"くらいのジョークは競争に敗れた人をも和ませ、"Have a great vacation！（よいバケーションを！）"と言って去っていく。このスムーズさは日本にはない。日本人同士の場合は、腹芸はあっても結果には不満が残ったり意地汚さが目立ったり、サラっといかないのはなぜだろうか？

　2日目はプロビンシャル・ハイウェー401から403に乗り換え、120マイル（192km）先のナイアガラ滝に向かう。カナダ側の滝は雄大で何度見ても飽きないが、さすがに

観光地とあって、大勢の日本人観光客の勇姿に威圧を感じるほどである。以前アメリカ人の友人とここに来た時、瀑布の上流を見て"昔ここにインディアンがいた時のことを想像してみたら？"……と話したのを思い出す。アメリカ・インディアンたちはここで魚釣りでもして平和に暮らしていたのか、それとも部族間の争いが絶えなかったのか……今となっては不明だが、昔見たキャロル・ベーカー主演の「西部開拓史」という映画に、そのようなシーンがあったような気もする。いずれにしても猛者ツーリストが押し寄せる観光地は一刻も早く立ち去るに限ると思い、家族と妹を瀑布の真下に迫るボートに乗せた後、いったんアメリカのバッファロー市に入り郊外のオーロラに投宿。ここは大学生時代にホームステイしたことがある。オーロラは目抜き通りが一本あるだけの小さな街で、西部開拓時に全米に無数に出来た典型的な町の一つなのだろう。しかし馬車が似合う古き良き時代を感じさせる。日本にも土塀が遺る古い街があるが、何か暗く感じるのはそこに住む人々に責任と自由の空気がないからなのだろうか？　この一家は家畜の飼料会社を営む市内の名士で、子女をパリやハーバードで学ばせており、自身もイェール大学の出身である。偉ぶったところがなく、最近とみに世知辛くなってきたアメリカ人の中にあって寛大なアメリカ人を見ると安堵するのは、外国

人の身勝手なのかも知れない。

　3日目、オーロラを出てプロビンシャル・ハイウェー403を190km走るとトロントに着く。トロント・タワーで遅い昼食をとった後、ヒューストン湖に突き出た半島の先端を目指して走りに走るだけである。一般にカナダのほうがアメリカに比べて道路は空いているし、スピードも速い。プロビンシャル・ハイウェー10、6と乗り継いでフェリー発着場トバモリーに着いたのは午後4時30分であったから、290kmを2時間半で走ったことになる。5時発のフェリーに滑り込み、ヒューロン湖を渡ること1時間。海のように広大なヒューロン湖に吹きつける最北の風は爽快で、カナダやアメリカの旅行者は夏の休暇を満喫している。いつものように日本人は我々だけだ。マニトラン島のサウスベイマウスにフェリーは接岸し、下船すると小島はまったく俗化されていないことに気づく。フランス人の毛皮商人がセントローレンス川をさかのぼってきた16世紀以来、何ら変わっていないのではないだろうか。彼らはブルターニュの漁師であったと歴史書は伝えている。その後フランス王に遣わされたジャック・カルティエやサミュエル・シャンプランが五大湖を探検し、17世紀にはラ・サールがシカゴを経由してミシシッピー川を下り、メキシコ湾に面したカリブ海のニューオリンズに到達したと記録されている。特にラ・サール

は、陸地はカヌーを引きずり、セントローレンス川とニューオリンズを3度も往復し、五大湖からロッキー山脈に至る広大なグレートプレーリー（大平原）にフランスのランドマークを確立した。歴史書はまた、フランス人は先住民族アメリカ・インディアンとの共存を可能にしたとあり、イギリス人より高い宮廷文化を持ち、享楽的なフランス人が原始社会に溶け込んでいった事実は興味深い。やがてそれはイギリスのプランテーションなどの産業、重商主義の前に破れ去るが、そのイギリスも植民地人の前に撤退し、先住民族はアメリカ人となった移民たちによって絶滅に追い込まれていく。500万人の人口は20万人にまで減ったが、今は80万人に回復している。

先住民との対話

4日目、ヒューロン湖に浮かぶマニトラン島で目覚めた我々は、モーテルを出た途端、強い視線を感じた。こちらを見ている数人の老人たちはアメリカ・インディアンだ。彼らに似た顔つきの我々が同胞か否かを判断しかねている。明らかに白人に対して投げかける目つきとは違い、顔を逸らさない。このような状況に出会う度に、またしても彼らの悲惨な過去と現在置かれている立場に同情を禁じ得ない。カリプソ号の海洋探険でワシントン州の島に上陸したジャック・イブ・クストーは、アメリ

カ・インディアンを見て "They are the prisoners on their own land（彼らは自国で囚人となっている）" と言っていたのを思い出す。中世の束縛から逃れたヨーロッパ人が理想とした超近代的な国で、なぜ先住民だけが受刑者であり続けなければならないのか。白人も黒人もアメリカに来た立場は違うが、今は共に合衆国民ではないか……！

6歳になる長女が、羽のついたインディアンのヘアバンドをつけて走り回り、それを見たインディアンの老人たちが微笑んでいる。胸襟を開いた彼らの姿に救われる思いがする。政治の舞台でも、融和を訴える声明の中にアメリカ・インディアンの存在はない。

We all came to this land ones as the pioneers, others as the slaves for the opportunity, except the native American（我々は皆、ある者は開拓者として、他の者は奴隷としてであるが、機会を求めてこの地に来たのだ）大統領選の応援演説の一コマが思い出される。

通りをしばらく走るとインディアンの工芸品の店が並んでいる。その一つに入り、工芸品を買ったついでにインディアンの経営者に私の考えをぶつけてみた。品の良さそうな中年女性は微笑みながら、インディアンにはそんな才能はなく、ただ毎日を生き延びるだけだと弱々しく答えた。私の提案は、インディアンの社会進出と映画

を創ることであったが、白人に騙され続けて土地を奪われ、あげくの果てには虐殺されたため、"白人とは話すな！"が合言葉になった事実はやむを得ないのだろう。しかし、主張しないことにはこの国では葬られるだけだと、この国を理解し始めていた私の期待も、彼女の無力感の前には何の効果もなかった。

　失意を感じながらも、ただの旅行者が気まぐれに正義感を表しても仕方がないと頭を切り換え、先を急ぐことにする。島を飛び石にプロビンシャル・ハイウェー 6 を60マイル（96km）北上すると対岸のトランス・カナダ・ハイウェー17にぶつかり、西に針路を取る。南にヒューロン湖を見ながら走るこの道は針葉樹の森の中なので、最北端を実感させる。

　150マイル（240km）行くと、スー・セント・マリーに到着。ここにも毛皮商人が早くから来ていたとみえ、石で出来たストーンハウスが現存している。この極寒の地でインディアンと取引するために使っていたといわれるストーンハウスに入ると、ベッド長が160cmしかなく、16世紀のヨーロッパ人がいかに小さかったか分かる。深閑と広漠とが同居したこの原野は、太古の時代から綿々と自然の営みを続けているのだろう。16世紀にここへ来たヨーロッパ人は何を考えていたのだろうか……と思いを馳せずにはいられない。

5日目、ヒューストン湖とスーペリア湖を分ける水道を渡ればミシガン州。大橋を見下ろす砦には、カナダのマウンティーズ（騎馬警官隊）がいる。赤の上着に黒いズボンの軍服で、なかなか格好いい。サーベルとハットの姿はイギリス軍の影響が感じられる。ここから60マイル（96km）南下してアッパーミシガンからミシガンに入ると、5マイル（8km）の大橋から見るマキナックアイランドの景観は壮大である。シカゴ・ヨットクラブが毎年行うヨットレースはこの島を一周して帰港するもので、中西部最大の水上イベントである。

　バケーションも終盤に近づいた。ミシガンのインターステートを通るより辺境地を巡ることを目的としているのでアッパーミシガンに引き返し、USハイウェー2を西に向かう。途中ステート・ハイウェー35に乗り換えて250マイル（400km）先のグリーンベイまで一気に走った。ここからシカゴまでは200マイル（320km）しかないので、グリーンベイの簡易モーテルに投宿。バケーションは帰路ほど退屈なものはない。わき目も振らず家路につくだけである。

　翌日、家族と妹は移動の大半を車中で寝て過ごして、今夏のバケーションは終了した。

第3章　ジャマイカ（1982年12月）

　北アメリカに住む人々にとって最も豪華な休暇は何かと尋ねれば、カリブ海だと答える。ただし、家族旅行だと莫大な費用がかかるので、金持ちしか行けないと諦めている。しかし、大金持ちになると豪華クルーザーや小島を所有しているので、客船クルーザーに乗って休暇を過ごすのは小金持ちの階級に当たる。同じ文化を共有するヨーロッパへの旅行はいずれのクラスにとっても第一の選択ではない。一度や二度は行ったことがあっても、何度も行く気になれないのである。表向きの理由としては、古い伝統の中で自由を主張すればするほど自分の地位が下がってしまう、生活はエキサイティングでない慎ましいもの……との理由を挙げるが、実態はヨーロッパ人から足元を見られるからにほかならない。アメリカに渡った祖先の里帰り……は故郷に錦を飾るようなところもあるが、出て行ったのは生活できない者たちであった事実は否定しようがない。その子孫がたまたま戻ってきたからといって、ヨーロッパ人には双手を上げて歓迎する理由もない。それに数百年の間に宗教や人種を超えて

交じり合ったアメリカ人は、姓名だけで子孫というには難がある。迎える側のヨーロッパがこのような感覚では、アメリカ人が主役になり得ないことは確かだ。これを思い知らされるのはロンドンのヒースロー空港に着いた時で、移民局の分類で"others（その他の外国人）"に並ばされた時だ。優先はＵＫ（スコットランド、北アイルランド、ウェールズを含むイギリス人）が先にあり、次にＥＵ、そして最後が"others"である。それよりもアジアや南アメリカに行けばその国の人間より地位が高く、快適に過ごせるというどこかの国と同じような発想である。

　カリブ海はそのような虚栄心を満たすだけでなく、二つの季節を同時に体験できる。従ってそれは冬でなければならない。つまり、氷点下20℃の冷凍室から常夏のカリブに行くからドラマティックなのであって、夏では何の意味もなさない。小金持ちにも該当しない日本人駐在員が冬にカリブへ行けることもないな……と思っていた時、旅行社のボビーが耳寄りな案を持ってきた。いわゆるグループツアーの人数割れチケットであるが、これがなんと宿泊込みで国内旅行より安い。今でこそカリブのパッケージツアーがワンサとあるが、当時はやはり国内旅行の３倍はしていたのである。期間は12月29日から１月３日までの一週間。ホテルでのニューイヤーズ・セレ

ブレーションも計画に含まれており、これを逃す手はない。

　シカゴに事務所開設以来、アメリカ社会に溶け込む目的で現地の旅行社を使っていたが、日本の旅行社であれば集客能力や情報収集力において格安のチケットの入手は無理だったと思われる。昨今、シカゴ地区ではフジ・ワールドウェイズ・トラベルなど有力なエージェントが出てきたが、バケーションの交通・宿泊費を払わなくなっていたアメリカ人顧客向けには驚くような値段のパッケージが出回っていた。やはり"選択の自由"は競争を生み、価格を下げるというセオリー通りで、こんな時、我が祖国の消費者が扱われている"選択のなさ"を感じざるを得ない。とにかく氷に閉ざされたシカゴから夢想だにしなかったカリブに行けるということは単純に喜ぶべきで、ボビーには"I will take it！（行く！）"と即座に申し込んだ。何しろ破格チケットは一刻を争う。

　5歳の長女はいいとしても、9カ月の長男はどうするか。行動が先行する我が家においては、通常先に考えることがいつも後回しになる。ベビーシッター（子守り）くらいジャマイカにもいるだろうし、いなければ連れまわせばいい。何とかなる……。

　空き巣、子供の誘拐が横行していたシカゴでは、長期旅行にはポリス・ウオッチを頼むのが普通である。電話

で依頼するだけで巡回頻度が多くなり、これも市民サービスの向上である。南米窃盗グループによるオヘア空港での車盗難も日常茶飯事になっていたので、空港まではタクシーで行くことにした。子供の誘拐に対するテレビの呼びかけが"Don't talk to a stranger（見知らぬ人と話すな）"。ほとんどの子供たちはその意味も分からず、誰かれなく見知らぬ人に向かって声を張り上げていたので大して効果はなかったように思える。気がつくと5歳の長女はこの影響を受けており、迎えに来たタクシーの運転手、つまり見知らぬ人と積極的に話している。長期に家を空けることだけは話していないことを祈ったが、空港近くに来た時運転手が"ジャマイカに行くんだってネ。よいご旅行を！"と言った時は、今さら"ジャマイカには行かない！"とも言えず、引き返そうかと思ったくらいである。タクシーの運転手が空き巣に早変わり……などということは十分あるので一瞬青ざめたが、飛行機の時間も迫っており、この機を逃すと二度とカリブには行けないと思うと"もうどうにでもなれ！"と居直った。心は既に椰子の木とエメラルドグリーンである。

モンテゴベイ

　星も凍る12月のシカゴから真南に下ること5時間、ちょうど西のロサンゼルスに行くのと同じくらい飛ぶと、

眼下に紺碧の海と無数の島々が見えてくる。我が家族以外はすべてアメリカ人だが、初めてカリブに旅行するとみえて皆景色に興奮している。とうとうカリブに来た……しかも安いチケットで……。この機内にいるアメリカ人観光客も同じ安いチケットを買ってきたのだろうが、彼らに比べ日本人の所得は高くても物を高く買わされ、生涯同じ会社にいられるよう十分忍耐のコストも払っている。生活の保障よりも要領良く人生を楽しもうとするアメリカ人のほうが羨ましく見えてくる。

モンテゴベイの空港に出ると凄まじい熱気に包まれ、数時間前の皮膚に残った凍瘡感が嘘のようである。飛行機は同じでも空港ではそれぞれのグループにアテンダントが来て、ホテルやツアーごとに分類したバスに乗せていく。

翌朝プールサイドに出ると、昨夜は暗闇で見えなかったカリブ海が目の前に広がっている。宿泊客のほとんどがアメリカ人で、ヨーロッパ人もわずかに交じっている。東洋人は我が家族のみのようだ。ジャマイカ人とはどのような人種なのか知らなかったが、皆黒人だ。ここでは観光客は白人、サーバーは黒人という図式が出来上がっている。盛りだくさんのツアーはやめて、ここは久々にゆっくりしよう……と決め込む。

一家4人で朝からプールサイドにボーッとしていると、

日本人のこまねずみのような習性に疑問を感じてしまう。精緻な仕事はするが、目的や戦略がない。それは人生にも言えることで、忠誠心や長時間労働も見せかけが半分くらいで、実態は何となく生き、何となく死んでいくのではなかろうか？

　5歳の長女は"I need a friend to play with（遊ぶ友達が欲しい）"と言って、アメリカ人らしきティーンエイジャーを見つけて遊んでもらっている。演台でレゲエ音楽が始まると、アメリカ人の子供に交じって踊っている。

　このアメリカのメンタリティーを身につけている限り、北アメリカでは人間関係はスムーズに行く。日本人が必要なのは生産より消費なのだろう。命の洗濯に貯金を消費するということは、将来に投資することなのではないか……。

　隣のアメリカ人夫妻が9カ月の長男を見て"You guys should be happy to have such a gorgeous baby, can we hug him？（あなたがたはこんな素晴らしい赤ちゃんを持って幸せですネ。抱かせてもらえますか？）"と話しかけてくる。私が応えないので間に立った家内が困っているが、私は無視することに決めた。"何がGorgeous babyだ！　自分たちのバケーションを楽しみに来て、そこで珍しい東洋人を見たからといって、それも自分の楽しみにするな！"。彼らは私のことを"彼は少しムシの居所

が悪いみたいだ。ベビーはフレンドリーだがファザーはアンフレンドリーだ……"などと言いながら、それぞれでダンスを始めた。日本人同士であれば急速に雰囲気が悪くなるが、白人は堂々としたものである。この点日本人はナイーブというか、純真すぎて残念ながら社会技術においては劣ると思わざるを得ない。ジャマイカまで来て何を難しく考えているのかといぶかしがる家内を尻目に、一日中プールサイドで考え込んでしまった。

　30日はプールサイドでゆっくりしたので、大晦日は島のツアーに参加することにした。ジャマイカの重要な産業は観光の次に砂糖の輸出なので、どのツアーにもさとうきび工場が含まれている。レストランはアメリカ本土の3倍の値段で、選択のないところで儲けるのはどの発展途上国にも見られる観光客へのたかりである。滝登りなどある程度趣向は凝らされているが、やはり洗練度は低く、目の肥えたアメリカ人観光客からは不満の声が上がっている。また、バスがトイレのため一時停止した時、出迎えた旅行者側のアメリカ人代理人に対して大半のアメリカ人観光客が、葉巻を吸っている初老の観光客を最後列に移すよう詰め寄った。アメリカ人同士では直接の交渉はせず、またジャマイカ人の運転手には権限がないと判断して、長い間葉巻の煙を我慢していたようであった。経営に責任のある側に訴えてスムーズに解決するの

は、無用な波風を立てない白人流儀である。

　ジャマイカ人は旧英国植民地時代の因習が残っているとみえて、白人と見れば国籍とは無関係にサービスに努める姿勢がある。ジャマイカ人の容貌は黒人であるが、よく見ると肌の色はアメリカにいる黒人よりわずかながら薄い黒色である。コロンブスが上陸して以来、スペイン人による略奪とインディオの虐殺が始まり、原住民は全滅したと案内書には説明してある。前後して奴隷船で運ばれてきたアフリカ人とインディオの子孫がジャマイカ人である。言語は英語であるがかなり崩れており、過去のプランテーションを通して隷属させられてきたことを窺わせる。何か頼むと"ヤマー"と応えるので、最初その意味が分からなかったが、"Yes mam（ハイ、奥様）"だと知った。

アメリカ人観光客

　私たちが乗っているバスはアメリカ人観光客10名くらい、我が家族3名、そしてジャマイカ人運転手1名である。9カ月の長男はホテルでベビーシッターに預けてある。この組み合わせはアメリカ国内であれば私たちは外国人、あるいは見方によってはのし上がって来たレフュジー（難民）と見なされる。ヨーロッパからの移住者は元来難民なのであるが、後から来たヨーロッパ以外の人

種＝繁栄する国に職を求めて来る難民と思ってしまう単純な面がある。いずれの分類にせよ、アメリカ人は多少無理をしても寛大な態度で接しようと努めるが、イギリスの諺通り"覇権を取れば寛大に振る舞いなさい"を実践しているようにも見える。ところが海外であれば、この諺は誤作動する。地理的にもアメリカに近く、アメリカの影響下にある外国においては特にである。つまり、待ちに待ったカリブ海に来れば民主主義の責任が伴うアメリカに比べ、植民地の快適さが残る白人優位の楽園だ。そこに東洋人家族がいたとなると複雑な気持ちになるのだろう。彼らは中国人なのか、何語を話すのか、どんな職業なのか……訝しむあまり誰一人として話しかけて来ない。万事所得の尺度で階級意識が働くアメリカ人は、旧白人領にも進出してくる東洋人に休暇の気分が壊されたようである。

そんな時、ジャマイカ人の運転手が私の長女を助手席に乗せることを提案してきた。大人の間に囲まれている長女に、前方の景色が見えやすくすることと、私たち両親に手がかからないようにする配慮であるが、やはり支配者に対するサービスの慣習がしみついているのであろうか。5歳の長女は喜んで運転手と話したり、キンダーガーテンで習った歌を歌い始めたりするが、アメリカ人観光客は"人種は違うが自分たちと同じ文化を共有する

ナ"と黙って聞いている。

"Those blacks……Those blacks……（あの黒人たち、あの黒人たち……）"と、助手席に乗っている長女が突然言い始めた。前方を見ると、道の真ん中でたむろしている。ジャマイカ人の運転手は困惑したが、笑いでごまかしている。家内が慌てて"千里、やめなさい！"と制止したが、5歳の子供はジャマイカ人たちのそばを通り過ぎるまで黒人を蔑む口調でつぶやいていた。いかに子供とはいえ、周りから見ると家庭教育まで疑われかねない。まったく赤面する一瞬であったが、私たちが住んでいるユダヤ人地区は黒人がいないので、そのキンターガーテンに通っている子供たちに黒人に対する強い侮蔑的な感情があることが今さらながら思い知らされた。

　しばらくして、同じく子供を持つアメリカ人の親が話しかけてきた。ツアーに対する他愛もない感想から始まる会話であるが、明らかに長女の一件で私たちが白人地域に住む"正しい市民"であることを認めたからである。また、この後は長女が大声で歌う幼稚園の歌で、車内はしばらくリラックスしたアメリカ人の団体旅行の雰囲気になってきた。しかしこれは素直に喜べないところもある。駐在員として赴任する日本人は安全上白人地区には住むが、別に白人の味方をしているわけではない。白人と一緒になって黒人やヒスパニックを馬鹿にする日本人

駐在員も多いが、それは同時にいつか白人に日本人を見下させる隙を与えていることになるのではなかろうか。

最後に訪れたコロンブス漂着の地は丘の上に石碑が立っているだけで、何の変哲もない海岸である。彼を出迎えたインディオたちの歓迎も束の間、これが悲劇の序幕であったことは歴史が伝えるところである。押し寄せるスペインの探検隊の前に、この島のインディオたちは一瞬にして全滅した。歴史はどちらの立場に立って見るかであるが、アメリカ人の観光客たちは新世界の道を開いてくれたコロンブスを偉大な冒険家として家族に説明している。同時にコロンブスがスペイン国王に突きつけた利益の分け前を要求する契約書は、現代人と何ら変わらない現実的なビジネスマンであることも物語っており、歴史上の人物をむやみに神格化する日本とは大分差がある。

大晦日の今夜、ホテルのプールサイドでは賑やかなカウント・ダウンが始まった。ファッション・ショーなどを取り混ぜた大規模なものだが、参加者は宿泊客の大人だけで子供の姿はない。子供が走り回ったり、泣き声が聞こえたりする日本の娯楽宴会と違って、気楽な中にも秩序が保たれている。西欧社会では子供の地位は低いのである。自由にフリーダム（秩序ある自由）とライセンス（無秩序の自由）があるなら、羽目を外す日本人の自由

は残念ながらライセンスに近い。火器・武器類で制圧し、支配するとロー・アバイディング（順法遵守）で秩序を保つ西欧文化の本質からすると、何事につけ情緒的と言われる日本も、インディオの滅亡を対岸の火事とは見られないような気がする。

スキューバダイビング

　新年をカリブで迎えた我が家族は、私に"いつも面倒を見てもらっているので、好きなダイビングでもしてきたら？"……と勧めた。スキューバダイビングは私の10年来の趣味であるが、ここ数年は仕事にかまけて随分遠ざかっていた。スキューバは航空技術や航海技術と同じで、しばらく実技から離れると腕が鈍るので、今回感覚を取り戻しておくチャンスでもあった。また、メキシコ暖流が流れ込むカリブ海はダイバーにとっては垂涎の的でもあり、冒険心を掻き立てる。

　ジャマイカは温暖なカリブ海に浮かぶ島であるから、ダイビングは盛んとみえ、ツアーの広告は所々にある。早速ホテルのサービスデスクでエントリーすると、ダイビングショップに集合し、ツアーがボートダイビングと分かった。ボートに乗るとショップオーナーは簡単な規則を説明し、"I don't wanna see you dying（あなたがたが死ぬのを見たくない）"と荒っぽいことを言っている。

また、"日本のダイバーが一人乗船しているので、どのくらいダイビング技量があるのか一つ見てみようじゃないか"などと参加者に笑いを振りまいている。挑発された側の私としてはボイヤンシー・コントロール（ＢＣ＝浮力調整器）など便利な道具に頼るアメリカのダイビングに、技量で対抗してやろうと逆に闘志が湧いてくる。

　スキューバダイビングは、フランスの退役軍人ジャック・イブ・クストーによって発明されたが、各国の海洋開発競争と相まってアメリカが追い越した形だ。これをフランス、イギリスが追いかけており、アストロノート（宇宙飛行士）に並びアクアノート（海洋潜水士）の養成では日本は遅れをとっている。この環境はスポーツダイビングにも影響し、日本でのダイビング事故が多いのは、器具販売を目的としたダイビングライセンスの乱発が原因だ。アメリカはこの点どうか？　これを実感するいい機会でもある。

　港を出てから１時間も沖合に向けて走った所にジャック・イブ・クストーのモニュメントがあり、ここがスポットであるとの説明があった。快晴。カリブの海は紺碧というよりエメラルド・グリーンだ。参加者は12〜13名。潜水前にバディシステムのペアリングを組まされる。バディシステムとは、何人でダイビングをしようと必ず２人ずつのチームとなり、決して一人で行動しないルール

だ。私は同じホテルから参加したトニーとペアになった。トニーはボストンから家族とバケーションに来て、妻はダイビングをしないから自分一人で参加したという。トニーのライセンスがPADIやNAUIなどメジャーではなくYMCAと聞いてちょっと不安になったが、頻繁に潜っているというので先導を頼んだ。私は日本潜水連盟のマスター（1級）であるがアメリカでは何の意味も持たない。しかし、ツアー参加の許可を受けるには必要だ。

アメリカ人の態度と実力

　島影一つ見えない所で船長はここがスポットだと告げ、10m間隔にペアを降ろしていく。飛び込みは皆、判で押したようにバックロール（背中からの入水）なので、私は笑いを堪えながらステップ・イン。水面に顔を出した私に早速船長が"タンクで頭を打つからバックロールにしないと危険だ"と注意するが、私は"下に岩があるかも知れないのでバックロールのほうが危険だ"と主張。船長は肩をすくめて、日本のダイバーがどの程度のものか皆で見てみようじゃないか、と参加者に笑いを誘った。私はこれで存在感を示せたと思った。

　トニーの後に続いて海底に向かって潜水開始。深度は15mくらいで透明度は10mくらいか。魚の種類も多く、岩場の変化も豊かだ。トニーは勢いよく前進していくが、

排気の量が多いのが少し気になる。時折後ろからトニーのフィンを引っ張り、速度と方向を修正、皆が集まっているモニュメントの周りまで来ると一安心する。魚群やイカなどが密集しているのは、海流と地形が絶妙の組み合わせになっているからなのかも知れない。

　トニーが、皆の姿が見えないので海面に出てみると言う。40分くらい経った頃であろうか。200kg／cm²の12ℓタンクなので、15mの深度ではもう少しいられる計算になる。私の残量計は3分の1を残している。いつまで経っても降りてこないので私も浮上すると、トニーはボートのほうを指し、帰ろうと言う。エントリーの時は凪だったのに、強風のため大波になっている。しばらくするとボートが200m先でダイバーたちを上げ始めた。我々だけが離れてしまったらしい。トニーはボートに向かって水面を泳ぎ始めたが、大波のため方向が定まらない。私はスノーケルに切り換え並泳すると、トニーはレギュレーターをくわえたまま立ち泳ぎしている。予感が当たった。トニーはダイビング経験が浅いのだ！　ようやくボートに近づくと、トニーは水を飲んで咳き込んでいる。後ろからハーネスを外してやり、トニーをボートに上げるとホッとした。トニーはタンクの空気をすべて使い果たし、限界であった。

　アメリカ人のポジティブアティチュード（積極姿勢）

は、逆に気をつけねばならない時もある。それは自信の表れではなく、子供の時からそう教育されてきたので、なんでも率先して行動する癖がついてしまったのだ。本人にとってはそれが上手く行く可能性があるのに行動しなかったため、みすみすチャンスを逃してしまった。そういうことがないように競争社会では可能性に賭けねばならない。アメリカであれば周りも初めからそれを鵜呑みにせず、よく観察している。大波の中でトニーが水を飲んだり空気切れになったりしてパニックを起こすことを想像すると、背筋が寒くなる。

小ずるい白人

ホテルに帰るとプールサイドでトニーと落ち合い、一緒にダイビングツアーの支払いをすることにした。サービスデスクのジャマイカ人が持ってきた請求書を見て、トニーは最初に聞いた話と違うとゴネ始める。ここでは溺れる心配もないのでトニーに先導役を引き受けさせ、私は見学を決め込んだ。時折トニーは私を見て"They are not mere fool than you expect（ジャマイカ人は君が思っているほど馬鹿じゃない）"と言っている。観察していると、ジャマイカ人は払える金を持っているアメリカ人から多く取ろうとして、トニーはこうであったらいくらであったのか……？　と仮定の話をして相手を混乱さ

せ、周りの観光客の同意も求めたりしている。結局、話の論理についていけなくなったジャマイカ人が折れて、我々は得をした。トニーは平均的なアメリカ人であるが、白人の小ずるさはシッカリ受け継いでいる。これが植民地経営の差で、日本人にはない才能ではないか。

　夕刻、家族と浜辺を散歩すると、粗末な民家で民芸品を売っている。顔を彫った木彫りを25ドルで買った。最初100ドルを75ドルにすると聞いたので、その3分の1の25ドルを指値するととんでもないと言う。では要らないと5m歩くと、"待て！"。大体言い値の3分の1くらいが売買価格だ。

　帰国の1月2日は飛行機の出発時間が午後なので、早朝浜辺で素潜りを試みる。300m沖合に出ると、海底にシーファンと呼ばれる珊瑚が波に揺れている。鮫を気にしながらシーファンと格闘すること30分。ようやく引っこ抜いた紅の珊瑚は空気に触れると紫紺に変色し、木彫りと共に我が家でカリブの思い出を語っている。

第4章　ニューオリンズ（1988年3月）

　中西部の3月といえば、ミシガン湖は未だ氷に閉ざされている。春が来るには1カ月ほど要するので、未だ厳冬の真ん中にある。積雪は少ないため氷点下20度以下の降雪は風が吹くと路上で舞っているだけなので、運転には支障はない。アメリカ車の造りは思わず吹き出しそうなほど雑であるが、このような悪天候の時はフルサイズに乗り込むと別天地にタイムスリップした感じがする。単にドア一枚隔てた外界とは打って変わって、強烈な革の匂いと強力なエアコンは好みにもよるが、いやがうえにもVIPの気分にさせてくれる。

　厳冬のシカゴを走るキャデラック・ド・ヴィルやリンカーン・タウンカーの中は、吹雪や風など一切の音は遮断され、悠然と疾走する姿は移民の夢を乗せる戦艦のようである。子供っぽいといえばそうかも知れないが、"成功者"という言葉に特別の意味を見出そうとするアメリカ人にとっては結構真剣で、フルサイズのアメリカ車には、巨体を日本車に押し込めるよりはリッチ感もある。どうも私にはこの辺りの感覚がなじめなく、家族の

車にはルノー・メダリオン（本国ではルノー・21）を使っている。価格が手頃な上、ハンドリングは欧州車の躾を守っており、ディスクブレーキのロックを除けば安全にコーナーを攻められる代物である。無論、アメリカン・フルサイズのVIP感覚もなければ、日本車の過剰装備満載もないプレーン・ビークルであるが、必要にして十分である。

　ふと南へ行きたくなった。長い冬景色が飽きたからなのか、これから始まる工場建設プロジェクトの前に息抜きしたくなったのか、自分でも分からない。子供は12歳の長女、7歳の長男、5歳の次男の3人で、ちょうど春休みに入った。思い立ってから旅程を立てるのが習慣であるが、計画といっても道順と立ち寄る目的地を決めるくらいで、ホテルや宿泊地は成り行きでしかない。あるのはランドマクナリーのロードアトラスと、トリプルA（AAA＝American Automobile Association）の道順を示した地図のみである。ロードアトラスには、大陸横断ドライブ時間表示地図（Transcontinental Mileage and Driving Time Map）が載っており、全米のインターステートを時速55マイルで走った場合の時間と地図が付いているので便利だ。ただし、どのインターステートを通るのが最も効率的かという点については、工事などの道路事情が分からないので、トリプルAに行けば無料で最新資料を

くれる。

旧フランス植民地

　一口で南へ行くと言っても、北アメリカ大陸の南端はメキシコ湾である。一体どのくらい南へ行けば暖かい陽光に出会えるのか見当もつかない。

　地図を広げると、シカゴから南へ直下すればニューオリンズがある。フランスの入植者が名付けたオルレアン、ルイ14世に因んだルイジアナ州。フランスの香りが芬々(ふんぷん)としてくる。シカゴからニューオリンズまでは約1000マイル（1600km）。セントローレンス川をさかのぼったフランス人入植者たちは五大湖に到達し、ミシガン湖の南端シカゴ川を西進、ミシシッピー川に出ると南下し、やがてニューオリンズに出たとある。セントローレンス川の河口からシカゴまでは直線にして1000マイル以上、最終地のニューオリンズまでは優に2000マイル（3200km）以上あり、この気の遠くなるような距離をなぜ、そしていかにして17世紀のフランス人たちは乗り越えたのか？圧巻はフランス人探検家ラ・サールの足跡で、この2000マイルを疾走するのに、1月の零下20度のシカゴ陸地をカヌーを引きずって通過したと記録されている。イギリス人入植者たちがアパラチア山脈の東に閉じ込められていた頃、中西部から南はニューオリンズ、西はロッキー

山脈までフランスは広大な領地を所有していた。

　西部開拓は独立戦争後、イギリス人やドイツ人によって為されたように思われているが、実は先行したフランス人の案内人なしには不可能だったのである。私たちが住んでいるシカゴもイリノイもインディアンの発音をフランス語のスペルにしたもので、その痕跡を遺している。しかし、彼らは一体どこへ行ってしまったのだろう。宗主国の地位をイギリスに横取りされた時、最後の砦となったケベック州に追い払われたのだろうか。今回の旅行の目的は、失われたフランスの足跡としよう。勝手に決め込んだ興味の対象であったが、家族には内緒にしておくことにする。

　シカゴから南下するインターステートは55と57があり、多少曲がった55のほうがニューオリンズに到達している。すなわち一本道である。途中立ち止まる箇所はセントルイスとメンフィスくらいなので、単調なドライブを覚悟しなければならない。

大西部への入り口・セントルイス

　最初の通過地点・セントルイスは、フランス語読みするとサン・ルイ、すなわちルイ14世に因んだ地名である。シカゴから300マイル（480km）を5時間かけて走ると、ミシシッピー川の対岸に巨大なアーチが見えてくる。西

部という言葉がどこを指すのかというのは時代によって異なるが、最後に大西部への入り口となったのがセントルイスである。ゲートウェイは当時の大西部に対するアメリカ人の恐怖と期待のシンボルであったようである。独立戦争から南北戦争までは、先住民族を全滅に追い込んだ東部と南部に富と人口が集中したが、最強の主力部族が支配する大平原の先住民族インディアンとの力関係は拮抗していた。

　余談ながら、飛行機内の雑誌にアメリカの大胆な仮説が載っていたのを思い出す。独立戦争でイギリスが植民地民兵に勝っていたら、東部13州はイギリスの植民地のまま、イリノイからルイジアナに至るミシシッピー川を挟む広大な平原はフランス領、そしてテキサスからニューメキシコ、アリゾナを経て、カリフォルニア南部までを含む2000マイル（3200km）はスペイン領のままであっただろうというのである。ここまでは列強が支配した植民地そのものである。しかしネブラスカ、ワイオミング、サウスダコタ、ノースダコタそしてモンタナの5州を合わせた内陸部にインディアン国家が存在していただろう……というのがこの仮説の特徴である。さらに、カリフォルニア北部からワシントン州にわたる西海岸は、なんと日本の植民地となっている！　明治から大正にかけての日本に、それほどの構想を打ち出す力があったとは思

えないので、この仮説には昨今の日本の経済台頭に警鐘を鳴らす目的もあったのではないかとも思われる。アイルランド人、ドイツ人が押し寄せる東部や、メキシコから北進するスペイン軍によって全滅に追い込まれた多くの部族を見て、内陸のインディアンたちは絶滅の危機感を持っていた。事実、強力な部族長が集まってインディアン国家の独立を話し合った形跡が残されている。

　不思議なのはフランスである。イギリスやスペインと違ってフランスだけは軍事的な制圧を行わず、アメリカ・インディアンとの共存を図っている。本国ではイギリスとの対立で何千マイルも離れた新大陸での争いには興味がなかったのかも知れないが、何かフランス人独特のエピキュリアン（享楽的）な側面を感じさせる。そのためか消滅も早く、今日アメリカにあった旧フランス領地でその痕跡を見つけるのは難しい。

　さて、ゲートウェイに登り子供たちを遊ばせた後、地下にある博物館を覗いてみると、大西部の入り口であった往時が偲ばれる。東部や中西部に広大な土地を持ちながら、移民たちをさらに大西部に駆り立てたエネルギーは何であったのだろうか……？　入植者たちが見たアメリカ・インディアンの生活を再現した展示を見ながら考えに耽っていると、隣にいたアメリカ人の中年男性が吐き捨てるように独り言をつぶやいた。"We shouldn't have exterminated them！（インディアンを皆殺しにすべきではなかった！）"。激しい自然と戦っていた原始生活者と、その犠牲の上に立って繁栄を謳歌する自分たちを対比した勝者の反省のようにも聞こえた。一方、家族連れで賑わう中で、多くのアメリカ人たちはインディアンの生活展示には冷ややかな視線を送っている。観光する者と観光される者のハッキリした現実がそこにある。

フランスの痕跡

　ミシシッピー川の対岸一帯はレストアされて、往時を偲ばせる雰囲気を醸し出している。中庭やテラス付きの建物も何となくフランス風に見えて、中西部のコロニアル調の建物を見慣れた私たちにとっては、アメリカという国が列強の争奪戦の中で生まれてきたことを再認識させられる瞬間でもある。

　遅い昼食は、やはりスパゲティ・ファクトリーである。数年前初めてセントルイスに来て以来、我が家ではセントルイスといえばスパゲティ・ファクトリーである。ここもやはり何かの工場をレストアしたようなレストランで、19世紀の雰囲気の中に溶け込むのも一興である。しかしそれよりも実益は巨大な皿一杯に盛られたスパゲティの量で、育ち盛りの子供を連れた家族旅行者にとっては空腹を満たさせるに最適と言ったほうがいいだろう。

ミシシッピー川では、パドリングボートといって、水車輪を両側につけた蒸気船が行き交っている。その中の一つに乗ると、当時の大時代的な口調を真似た船長のアナウンスは、歴史認識を求めるアメリカ人観光客と現代の商業主義が相まって、いやが上にもバケーション気分を盛り上げる。歴史には暗い側面と明るい側面があるとしても、単純に懐古趣味に浸る部分は悪気がなく、私たちも外国人であることも忘れ楽しいものである。未だに氷に閉ざされたシカゴからわずか5時間のドライブで半袖の服で河下りを楽しめるのだから、冬に南へ行くのは絶対正しい！

　時刻は午後3時を指している。例によって宿泊地も決めていないので先を急がねばならない。地図を見ると60マイル（96km）南のミシシッピー河岸に「フォール・デ・シャルトル（Fort de Chartres）」と書かれた遺跡があるようだ。スペルからいってフランス語のようであり、意味も牢獄か要塞が想像される。フランス人の痕跡はもはや地名によってしか辿ることはできないが、ミシシッピー川沿いではウィスコンシン州にラ・クロス、オー・クレール、サン・クロワがあり、三色旗の探検隊が大河の源流までさかのぼったことを窺わせる。

　インターステート55に乗らずに対岸の東セントルイスに渡り、ステート・ハイウェー3を南下する。東セント

ルイスはアスファルトの切れ目から雑草が生え、街そのものが荒廃している。繁栄と貧困が同居する国・アメリカでは、大小を問わず都市の宿命のごとくゲットーが存在する。ゲットーの語源はもともとヨーロッパのユダヤ人街を意味していたが、アメリカでは黒人を代表とする少数民族の居住地となった。

1時間あまりでフォール・デ・シャルトルに着くと、見晴らしのいい対岸からミシシッピー川に向けて砲台が幾つか並んでいる。碑文にはフランス軍がミシシッピー川をさかのぼってくるイギリス軍を迎え撃ったと記されている。一体どのくらいの規模の戦闘であったかは分からないが、ビロードが敷き詰められた河岸から見るミシシッピー川は柔らかい夕陽に輝き、平和そのものである。何千マイルも離れた本国ではドーバー海峡を挟んで戦闘を交える宿敵同士が、辺境の地においても戦う義務を忘れないとは、もはや"ご立派"と言うしかない。栄光のフランスに対してユニオンジャックが七つの海を支配できたのは、享楽的な生き方より明確な目的意識を持った生き方を選んだイギリス人のほうが、やはり実行力において勝っていたのかも知れない。

この風光明媚な史跡を訪れる人は私たち以外誰もおらず、外国人である日本人が来て英仏古戦場に感心するのもおかしな話ではある。しかし、第1日目にしてフラン

スの匂いを探り当てたことは、この先の発見を暗示しているように思えた。

　家族旅行は子供が退屈する。何しろ運転中は身動きできない車中にいなければならない。この史跡も広大な公園となっているので親たちが妙な感慨に浸っている間、子供たちを走り回らせて疲れさせる妙計が必要である。あるいは事実はその逆かも知れないが、子供たちが車中で寝る結果となれば平和が保たれる。

　ステート・ハイウェー3をさらに100マイル（160km）南下すれば、少しましなモーテルがありそうだ。イリノイ、ミズリー、ケンタッキーの3州が交わるカイロという街に小綺麗なモーテルを見つけて投宿。トウモロコシ畑の真ん中のモーテルでは村人の寄り合いのようになっている場合があり、ドラマチックではないのだ。

南部の不気味さ

　翌朝、モーテルを出てインターステート57に乗り25マイル（40km）走ると、シカゴから降りてくるインターステート55と交わる。ここから150マイル（240km）くらい南下するとメンフィスがある。街に近づくにつれ、ＦＭの選曲がカントリー調に変わってくる。

　メンフィスといえばエルビス、エルビスといえばグレース・ハウスというわけで、アメリカの観光客に交じっ

てエルビス・プレスリーが住んでいた家に入る。ここは博物館になっていて、エルビス・プレスリーが所有した車や小型飛行機も家の外に並べられている。アメリカ人観光客の反応を見ていると、エルビスを神格化したり、尊敬したりせずに単に成功者として見ている。すなわち金儲けの話であるが、自分もこのようなライフスタイルを得られたらなア……と憧れは現実的である。エルビスが食事をしていたダイニングには、ニクソン大統領も訪問した写真が掲げられている。ハリウッドとワシントン……この一見無関係にある組織が、実は密接に繋がっているようだ。何事もオープンなアメリカであるから、大統領といえども気軽に芸能人の家を訪問するのだ……とは極めて日本人が考えそうな発想であるが、実はハリウッドがワシントン政府のプロパガンダであると言われている。この実感は知識レベルによって違うが、そのレベルが高いアメリカ人たちに話してみるとほとんどが否定しなかった。エルビスの陰にCIAやNSAあり……とはちょっとイメージが壊れそうであるが、この国の戦略的未来志向を考えれば何があっても不思議ではない気がする。

　午前中にメンフィスを切り上げ、今日はいよいよ目的地であるニューオーリンズまで一走りである。小さいルノー・メダリオンは快調そのもので、アメリカでは評判の

悪いフランス車を代表して疑いを晴らそうとしているように見える。アフリカで大きな占有率を誇るフランス車は頑丈なことで知られているが、ケベックを除く北米市場で成功しない理由はサービス網に取り組まないフランス人のケチくささにあるようだ。言いなりになる日本人に比べ、買いたくなければ買わなくてよいという個人主義の強いフランス人は、プライドを守っても大魚は逃すようである。

　メンフィスからニューオリンズまで300マイル（480km）、うっそうと繁った森林の中を200マイル（320km）くらい走るとだんだん木々が少なくなってきて、赤茶けた景色が広がってくる。KKK（クー・クラックス・クラン）で悪名を馳せたミシシッピー州を走るのはあまり気持ちのいいものではない。事実すれ違う車に乗車した白人たちはこちらを凝視していく。

　アメリカには種々雑多な社会はあるがアメリカという社会はない……を実感する瞬間であるが、まさに北部とは違う雰囲気である。ジーン・ハックマン演じる映画「ミシシッピー・バーニング（Mississippi Burning）」は、ディープサウス（深南部）がFBI管轄権も及ばないルーラルエリア（田舎）であることを描いており、否定し難いアメリカの秘部でもある。一刻も早くニューオリンズに着かねば……。まるで好奇心の塊のようにアメリカの

危険地帯といわれる所をくまなく歩いた私も、家族を連れてディープサウスを旅行する不気味さは、好奇心を超えていると思わざるを得ない。

ルイジアナ州に入ると、ニューオリンズは100マイル（160km）先に迫っている。地図を広げるとポンシャルトレン湖の中央に全長30マイル（48km）の橋がかかっており、対岸にニューオリンズがある。ポンシャルトレン（Pontchartrain）を"Pont"と"Chartrain"に分割すれば、それぞれ"橋"と"フランスの街名・シャルトレン"になり、やはりフランスの痕跡であることが分かる。この橋を渡るにはハモンドでインターステート12を東に向かえばよい。西にはベイトンルージュがあり、赤い棒（Baton Rouge）もフランス語だ。

この街は、日本の高校留学生が銃殺されたことで知られるようになったが、両親の献身的な銃廃絶運動は当時アメリカでも放映され、多くの共感を得た。しかしもともと暴力で誕生した国・アメリカは、暴力崇拝と自由を守るための銃所持の考えが根強く、日本人には理解しづらい面がある。一方、アメリカ人から見れば日本人は刀狩りで牙を抜かれた家畜同然で、官僚に飼育された発展途上国と映る。すなわち、日本国民は自由を売って飼育を買ったわけであるから安全なのは当たり前だというわけである。このシステムは同時に利権の温床を生み、コ

スト競争とグローバル・スタンダードとのズレに弱点をさらけ出してきている。これだけ両国に相違がある上、NRA（全米ライフル協会）などの強力な政治運動が加われば、銃廃絶などは不可能と思わざるを得ない。日本政府が留学生を制限する運動を日本で起こせば事態は少し改善されたのかも知れない。アメリカのホーム・ステイ協会が経済的打撃を受ければ裁判の行方にも影響を与えるであろうし、アメリカの世論を沸騰させることもできる。この国は心情的訴えよりも、経済的報復のほうが理解しやすいし、効果も望める。

豊饒の街・ニューオリンズ

さて、コーズウェイと呼ばれる有料橋を南下すると、前方左手にニューオリンズの街が見えてくる。インターステート10に乗り換えて市内に入っていき、スーパードームの前でエキジット。ミシシッピー川沿岸に碁盤の目のように区画された一画が、17世紀から存続するフレンチ・クォーターである。さすがにこの区画内に宿泊しようと思えば予約は欠かせない。日本の観光地によくある小さなホテルで駐車場も離れた所にあるが、ニューオリンズは歩いて観光するため、中心街での宿泊は絶対条件である。

夕暮れのミシシッピー川に出てみると、黒人が独りで

トランペットを吹いている。遠い昔、奴隷船で連れてこられた祖先を懐かしんでいるのか、太い腕に似合わない悲しげな目つきはどことなくルイ・アームストロングに似ている。空き缶に1ドル紙幣を入れると吹奏を止め、"Thank you！"と叫ぶ。結構彼らは明るいのだ。

　初日だから予約したレストランに家族全員で繰り出す。バーボン・ストリートにあるレストランは、ケイジュン・スタイルで有名な一軒を選んである。往時を偲ばせる狭い通りは湿気と熱気が立ち込めており、氷点下のシカゴとは別世界だ。道路名は英語発音しているが元はフランス名なので、バーボンはブルボン、ロイヤルはロワイアル、チャーターはシャルトルではないか。レストランに入ると幸運なことに2階のバルコニーに席を取ってあった。眼下には黒人の子供が大勢ストリートダンスを踊っており、観光客の賽銭を求めている。路上の物売りも多く、パリ下町の版画にあるような19世紀のバザーの賑わいである。

　注文したガンボーはケイジュン料理のスープで、一度食べると止まらない。カナダ北東から水路を使ってカリブ海に出たフランス人は航海技術が進むにつれ、本国から直接ニューオリンズに来るようになり、ここは貿易の中心地となった。土地の支配より原住民であったアメリカ・インディアンの中に溶け込むフランス人が豊富な原

材料に接して、インディアンと共同で編み出したのがケイジャン料理だと言われている。この他クレオール料理も同様で、ニューオリンズはまさに食い倒れの街である。ガンボーに少し酸っぱい独特のケイジュンステーキ、そしてワインを飲むと家族全員が豚になった気分である。重い体を引きずってホテルに帰ると、一瞬にして暗闇に落ちていく。

　翌日は骨董のショッピングに充てることに決まった。ロイヤル通りにはアンティーク・ショップが軒を連ねている。やはりフランスの物が多い。フランス人はいないのか……と尋ねると"私がフランス人の子孫です"という店のオーナーが一人いたが、もはや数人しか残っておらず、皆昔にケベックへ移住したとのことである。アメリカに工場建設を控えた私は骨董どころではなかったが、フランスが残していった生活品の他に刀剣も多く、フランス本国の刻印が押されたサーベルを一つ買い求めた。フレンチ・クォーターはそれほど広い所ではないが一日で全部見ることはできない。結局一日半、足を棒にして歩いたが、3食ともケイジュン料理なので体重は増える一方だ。このままニューオリンズにいれば過食症になって動けなくなる！　身の危険を感じた時が退散の合図である。

　豊潤なニューオリンズの宝庫に後ろ髪を引かれる思い

でこの街を脱出することにした。シカゴまで1000マイル（1600㎞）。いつもの通りであるが、帰路は一気に走ることにしている。来た道を折り返し、2日間かけて極寒のシカゴに辿り着いた。途中イリノイの片田舎のレストランで支払いの際クレジット・カードは使えないと言われた。車の中の小銭を掻き集めて事なきを得たが、支払えないなら皿洗いをしなければならないヨ……と意地悪い言葉を聞いた時は本気でシカゴの弁護士に連絡を取ろうと思ったくらいである。アメリカのルーラルエリア（片田舎）は何があるか分からないので、必要最低限の現金は持ち歩かねばならないという教訓でもあった。

第5章　ニューヨーク、ワシントンDC
（1988年8月）

　アメリカに住んでいて、ニューヨークやワシントンDCに行ったことがないなどというのはあり得ない。増え続ける日本からの駐在員たちが真っ先に休暇を取るのがニューヨークであり、今や彼の地を知らないのはシカゴに住んでいる我が家だけになってしまった。しかも皆は飛行機で移動し、有効に時間を使っている。特にシカゴ―ニューヨーク間はバスのように頻繁にフライトがあるので、空港からマンハッタンのホテルまでタクシーで行ってしまえば観光地への行楽は歩いて行ける。日系の旅行社が至れり尽くせりの予約を手伝い不安の解消に努めているので、新任の駐在員でも難なく北アメリカ内での旅行ができるようになった。

　しかし……と私は思う。これでは住んでいる国が理解できないではないか。不測の事態が起きた時に対処できないではないか。楽しいことに苦労すべきだとは毛頭言う気はないが、仕事を離れて家族と過ごすバケーションはいろんな意味があると思っている。単にお膳立てされ用意された観光地へ行くのなら、ビデオを見ているのと

同じではないか。家族と旅をすること自体に目的があり、失敗談も含めて経験を共有することにこそ意味があるという考えを貫くために、我が家は車でニューヨークへ行く。単純明解ではないか。普段、日本人駐在員に"バケーションくらいは大地を這って行くほうがこの国を理解するのに役立つし、第一楽しい！"と言っている手前、自らその言を曲げるわけにも断じていかない。

　そういうわけでニューヨーク行きが決まると、後はどこと組み合わせるかである。限られた時間の中で最大の効果を上げるには……？　効果とは観光地の数ではなく経験量であるが、そのためにはある程度の訪問先も必要だ。ニューヨーク近隣のワシントンＤＣ（特別地区）は当然としても、通過途中に行くべき所は？　アメリカの歴史上に登場するウィリアムズバーグ、ジェームズタウン、カンバーランドギャップ、そしてカントリー歌手ジョン・デンバーの歌うブルーリッジマウンテン……と続々挙がってくる。こんな数をわずか一週間で回れるのか等々。いくらランドマクナリーの自動車地図を眺めていても始まらないので、とにかく行けるかどうかやってみるしかない！

ニューヨーク
　走り慣れたインターステート90をひたすら東へ走り、

2日間でニューヨークに到着。ホテルはセントラルパークの南端に面したエセックスハウスであるが、数カ月前に日航に買収され日航ホテルになっている。シカゴからニューヨークまでは1000マイル（1600km）、飛行機であれば2時間で済むところを2日間かけてのドライブだが、慣れも手伝ってか疲れはない。むしろこれから立ち寄る各ポイントを巡る旅行は、飛行機を使うと絶対にできない代物である。飛行機を使う旅ではレンタカーのドロップオフ（乗り捨て）、空港での待ち時間、さらにメカニカルトラブルで飛行機が飛ばないこともよくあるので、その度に宿泊の変更やエアラインとの交渉を機敏にしなければならないなど、多くの難題を乗り越えねばならないリスクが生じるのだ。大地を這う旅は出張でも違って見えるから不思議だ。

　正面のセントラルパークでは白昼レイプや殺人が起きているので若干緊張を要するが、黒人の大道芸人に3人の子供たちが走り寄ると愛きょうを振りまく老黒人は人がよさそうで安堵する。アメリカ各地の観光地で見かけるこの光景は何げなしに見落としがちだが、観光する側と観光される側の対比の図式である。おそらくこの老黒人もなぜ自分がここにいるのか、なぜこの国に生まれてきたのかも考えることなく、毎日賽銭に愛きょうを振りまいているだけであろうが、このセントラルパークを囲

む高層ビルの屋上に建てられたペントハウスの住人との「差」が、この国の現実を物語っている。一生会社勤めに精を出し、誰もが大差ない人生を送る日本人と比べると、紆余曲折の中に勝機を掴もうとするウォールストリートの小悪魔は、ペントハウスに住んでいる今が勝者であってもそれが将来も続くとは限らない。大道芸人をやっている黒人達も今が敗者とも限らない。どちらが幸福なのかについての考え方には個人差があるが、活力があるのは守るより攻める競争社会のほうである。

　ワールドトレードセンターから見下ろすマンハッタン島は、ビジネスの中心になったミッドタウンから北のハーレムまで見渡せる。犯罪の巣と廃虚であったハーレムが見事に再興する姿は、ゴーストタウンを造りながら常に新天地を求める開拓民型から安定型のスタイルも現れてきたことを意味しているのだろうか。展望階は昼食時になると我々のような家族旅行者や会社員たちでごった返しているが、そこに日本人の会社員や日本からの団体旅行者が加わると雰囲気は一変する。黒いスーツ姿の日本人は駐在員であれ団体旅行者であれ、ショートパンツとスニーカー姿の我が家族を見つけると一斉に凝視しては去っていく。我々は神聖なビジネス街で働いているのに軽装でしかも家族連れとは！……と言っているような目つきである。

早々に退散してサウスサイドストリート波止場からボートでスタチュー・オブ・リバティー（自由の女神）に渡る。最上階の女神の顔の王冠からはエリス島が見え、ここが20世紀初頭には毎日ヨーロッパから1万人の移民が押し寄せた"涙の島"か……と眺めてしまう。涙の島……それは着のみ着のまま、生活苦から逃れてきたヨーロッパの低辺に住む人々が身体検査をされ、多くの人々が新世界の地を踏むことなく帰りの便で送り返されたことに因んでいる。彼らは植民地獲得に遅れたイタリア、ポーランド、ハンガリーからの移民たちで、汽船会社が配布する大袈裟なビラ広告に飛びつき、一獲千金の夢に取りつかれた人々であったという。なけなしの金をはたいて来たものの、伝染病保菌の理由で帰された者、またマンハッタンのスラム街へ直行した者たちの阿鼻叫喚がこだまするこの島が、アメリカの幼児期を象徴しているように思える。五番街でのショッピングやブロードウェーでの観劇もしないでニューヨークを後にするというのはやはり家族連れのバケーションだと苦笑せざるを得ないが、これもやむを得ないところである。

　サウスサイドシーポートに戻り夕食を終えた頃には日もすっかり暮れ、5人家族が安全に59番街のホテルに帰れるのはタクシーがいちばんである。時刻は午後9時を指し、マーダー・タイム（殺人の時間）が始まった。地

下鉄に乗ろう……と私が提案し、ブロードウェーエクスプレスに乗るためホワイトホールストリート・サウスフェリー駅に下りていった時、家内の顔がこわばってくる。子供たちは無邪気についてくるが、周りの雰囲気が激変しているのだ。地上と違って白人が一人もいなくなり、落書きだらけの壁や電車が一層迫力を持って迫ってくる。時折こちらを一瞥する黒人たちの眼光が、チャールズ・ブロンソン主演の映画のシーンを思い出させる光景である。ここで田舎者と思われては危険を呼び込むようなものだと考えた私は余裕のある顔を取り繕うが、子供たちも母親の凍りついた態度を見て異変に気づいたようである。これでは良くないと思った私は、ビデオの撮影を始めて家族の緊張をほぐそうとしたが、逆に緊張は高まるばかりである。何事もなく57番街駅で地上に出た時は助かったと私も脂汗を拭った。家族をこんな危ない目に遭わせるとは……と家内の立腹はなかなか収まらなかったが、後にこのビデオを見る度に往時の緊張感が伝わってくる。

ワシントンDC

第3日目はリンカーン・トンネルでハドソン川の下をくぐってニュージャージー州に入り、そこからニュージャージー・ターンパイクに乗り、一路南下する。250マ

イル（400km）は4時間弱で走りきり、合衆国の首都ワシントン特別区に到着。普段ビジネスではめったに行かない街だが、一目で他のアメリカの州の州都と違うことが分かる。高層建築がなく、螺旋状に広がる街並みはフランス人建築家によるもので、どことなくパリに似ている。パックス・アメリカーナ（アメリカの力による世界平和）の総本山として50年間君臨してくると威厳もあり、建物、政治システムのどれを取ってもローマ帝国の末裔(まつえい)であることを主張しているようにも見える。

　最近、とみに増えたアフリカからの移民や、少数民族にとってもワシントンＤＣは最も住みやすい都市になっている。また、別名マーダー・キャピタル（殺人の都）とも呼ばれ、ニューヨークのマーダー・タイム（殺人時間帯）と並んで活力も十分である。それでも箱庭のようなこぢんまりとした街角が多く、市民はボストンやニューオリンズと並んで散策できる。しかし、知らない街ではバスツアーに参加するのがいちばん手っ取り早く、ほとんどの観光地を網羅している。中でも圧巻はスミソニアン博物館で、世界の宝物や戦利品を格納する帝国の倉庫のようである。

ウィリアムズバーグ

　アーリー・アメリカンの衣装を着て馬車に乗っている

姿が出てくるのは、決まってウィリアムズバーグである。ＤＣからインターステート95を100マイル（160km）南下し、リッチモンドでインターステート64に乗り換えて東へ50マイル（80km）行った所に、この歴史的な街はある。この10マイル（16km）東にあるヨークタウンは、ボストンと並んで独立戦争時のイギリス軍との激戦地で、500マイル（800km）にわたる東海岸の独立派が開戦に奔走し、和戦派を説得したとされている。街は完璧にレストアされており、見た目には美しいがあまりにも俗化されていることに多少失望を覚えるくらいである。

　宿泊のロイスホテルで、竹馬の友・Ｉ君と待ち合わせ、久しぶりに２家族で夕食をとる。Ｉ君は証券マン、ニューヨーク勤務でシカゴを出る前に一日共に過ごそうと計画していたもので、お互い無事そのプランをこなせたこととなった。翌日は双方家族とも疲労が溜まっていたので、子供たちを近くの遊園地・ブッシュガーデンで少し遊ばせ、その後、我が家族はジェームズタウンへ向かう。ブッシュガーデンもナッツベリーファームと並んで巨大な遊園地であり、大人も楽しめる息抜きはアメリカやヨーロッパならではのよさと言えよう。

君はジェームズタウンを見たか？

　誰もがイギリスからの最初の移住者がメイフラワー号

に乗った清教徒たち149人だと思っている。しかし事実はこれより14年前、1607年が最初の入植である。144名の無頼を乗せた3隻の小船は洋上で39名が死に、105名が上陸したが、その2年後には38名しか生き残れなかった事実は往時の過酷な生活を偲ばせる。いずれにしてもジェームズタウンこそが真の初上陸地で、今やアメリカ人さえも忘れ去ったアメリカのヘソとも言うべき街である。一体どんな所か……私の興味を掻き立てずにはいられない。

ロンドンから6カ月かけて航海し、チェサピーク湾に達した3隻の小船は、ジェームズ川の河口をさかのぼり小さな入江に上陸した。その3隻の船は復元されて、400年前の上陸の現場に係留してある。とても144名も乗れるような大きさではないから、当時の人間はよほど小さかったのだろう。乗船員は命知らずの荒くれ者や前科者の集団であったが、どんな無頼の者たちであろうと彼らが上陸した現場に佇むと青々と繁った河岸に立つと歓喜慟哭がこだまするようである。東海岸の北端はフランスが進出し、南端のフロリダはスペインに占領されていたことは当時のイギリスでも知られており、その中間の位置を狙って出帆したと言われている。余談ながら、その後清教徒を乗せたメイフラワー号が目指したのは実はジェームズタウンであったが、当時の航海技術が未熟だっ

たために目標より1000kmも北、今のマサチューセッツ州のプリマスに漂着したというのが実情である。

宗主国の第一歩が痕跡となったこの地がニューイングランドのように俗化されずに往時の面影を保っているのは、逆にいいことなのかも知れない。アメリカが民主的に創造された国ではなく、ヨーロッパの底辺にいた前科者など荒くれ者によって入植されたことも歴史的事実であるし、彼らが命を懸けて漂着したジェームズタウンは広大なロマンを偲ぶランドマークに変わりはない。

岸辺から程近い所に、入植者たちの粗末な生活を再現したルーラルライフも展示されている。数少ないアメリカ人の観光客は、一目見て外国人と分かる我が家族を見て疑問を含んだ微笑を投げかけて去っていく。

カンバーランドギャップ

昼下がりのジェームズタウンで河口を見ながらしばし現実を忘れた後、再び昨日来たインターステート64に戻り、巨大なシボレーを西に向ける。リッチモンドを経由して150マイル (240km) 行くと、アパラチア山脈と平行して南北を縦断するインターステート81にぶつかる。さらにブルーリッジ・パークウェーはアパラチア山脈の峰を走る観光道路なので、距離を稼ぐためにはインターステート、景色を楽しむためにはブルーリッジ・パークウ

ェーといった具合に使い分けることができる。FMで流している曲はカントリーが主体で、バケーション気分も高まる。シェナンドー川は、バージニア北部のシェナンドー山脈からポトマック川に注ぐ川で、もともとイロコイ族の言葉で"小綺麗な小川"を意味するらしい。

　ウェストバージニアという響きは、東部11州からアメリカ・インディアンを駆逐した移民たちがアパラチア山脈の西に入り込んだ時見た大自然の感激を表しているようにも聞こえる。アパラチア山嶺を220マイル（350km）楽しんだ後、インターステート181に乗り換え北に向かう。さらにUSハイウェー23と58を乗り継いで80マイル（130km）西に行くと、バージニアとテネシーの州境に小さな立て看板を見つけた。ついに来てしまった！　矢印通りに進むと、アメリカのどこにでもあるようなちっぽけなビジターセンターに行き着く。

　山々が連なる峠をハイウェーが貫通し、往時の景観とは違ったものになっていることは容易に想像できるが、旧道への入り口が遊歩道になっているのを見て、探検隊を組むことを宣言する。またか……という顔つきの家内を尻目に私は隊長となって全員下車を命じ、トレッキングを開始する。しばらく進むとつづら折の開拓道にさしかかり、その貧弱で険しい小道を見ると驚嘆せざるを得ない。低い山とはいえ、瓦礫の間をぬって続く道は幅

1.5mぐらいで、とても幌馬車が通れる道ではない。路肩を踏み外すと谷間に落ちていく危険な道を、なぜ多くの入植者が通過したのか？　幌馬車は4〜5人の家族単位に分かれて全員が押して進んだと石碑に書かれているが、こんなにまでして人々を西に駆り立てた理由は、膨張する東部の人口から押し出された人々の土地所有願望であったようである。この突破口によって瞬く間にルイスビル市までの300マイル（480km）が"荒野の道"として開拓され、さらにそれが西に260マイル（420km）膨張すると、セントルイスが大西部への入り口となっていく。カンバーランドギャップが最終的にサクラメントやサンフランシスコに至る西部フロンティアへの契機になったことは歴史的事実であるが、それはまた、アメリカ・インディアン虐待の前奏曲にもなったのだ。

グレートスモーキーマウンテンズ

200年前の歴史の扉を垣間見た後、目指すはアパラチア山脈最南端に位置するスモーキーマウンテンである。ＵＳハイウェーとステート・ハイウェーを乗り継いで南下すること70マイル（110km）、真正面に頂上が雲にすっぽり覆われたグレートスモーキーマウンテンが現れる。アパラチア山脈はだらだらと続いた尾根状の山であったが、日本の各地で見かけるようなこの円錐形の山に

親近感を覚える。この山麓は夏は避暑地、冬はスキー場として東海岸に住む人々にとっては人気があり、シャレー（山荘）に泊まる場合は予約が必須である。

　ギャトリンバーグという町にあるバーバラ・シャレーに到着し、裏手のベランダに出ると、太陽を浴びた巨大なスモーキーマウンテンが目の前に迫ってくる。アメリカ人であれば、家族をここに連れてこられたことに一家の主として喜びを感じるに違いない。何しろどのシャレーも日本でいう5LDKの建物で、長期滞在型の別荘でもある。しかし、5人家族一泊の値段が95ドルと聞けば、やはり日本の相場は高価すぎることが分かるというものだ。

　市内までは車で15分、目抜き通りが一本あるだけの小さな町だが東南部では数少ないスキー・リゾートでもあるので、洗練された街並みだ。シャレーに置いてあったレストランガイドで予約したエピファニオ・リカーに入る。このレストランは内陸では珍しいケイジュン料理で、ブラックンドと呼ばれるピリ辛の海産物が特徴である。ニューオリンズでフランス人が始めたケイジュン料理やクレオール料理が全米に広がりつつあるのは、古い風習に囚われない雑多の人種が為せる業なのかも知れない。

チェロキー

 翌日、グレートスモーキーマウンテンを横切って反対側に出るとノースカロライナ州に入る。アメリカ人にとってどの州に住んでいるかはどちらにどのくらいの税金を払っているかぐらいの関心でしかなく、無意味な県民意識を植え付けられた日本人は未だ時代錯誤の役所が弱い者苛めをする前世紀に生かされているのではないかと思ってしまう。納税者が権利を主張することなどはムード的に許されていないので、年貢が納税に替わっただけの愚民政策は民主政治からは程遠い。

 ツーリストインフォメーションを訪ねると、チェロキー族の居留地にいることが分かった。アパラチア山脈を越えてとめどもなく西部へ移住する白人に対し、勇敢にも裁判闘争で勝利したチェロキー族３万人は、アンドルー・ジャクソン大統領の判決不履行でオクラホマ送りとなった……と読んだことが思い出される。捕らえられたチェロキー族は鎖に繋がれて、オクラホマに着くまでに４分の１が死亡したというのが"涙の道"と言われている。アメリカ大統領による最大の恥辱といわれるこの司法歪曲は、この後に繰り返されたアメリカ・インディアン虐殺に掻き消されてしまっている。

 ツーリストインフォメーションの担当者は多くの観光客をスムーズにさばいていたが、私の順番になったので

チェロキー族について聞いてみた。彼はグレートスモーキーマウンテンの自然がいかに素晴らしいか述べた後、チェロキー族には居留地を与えてやっているが、土産物を作るしか能力がない……と邪魔者扱いの口調である。さらに彼は"その土産物もチャチで疑問視する物が多いし、大体ここは自分たちの土地なので返せと言っていること自体現実的ではないヨ"と、周りのアメリカ人観光客に同調を求めるように笑い飛ばす。我々が外国人と思っての"洗脳"であるが、白人の小狭さでもある。家内はいつ私が爆発するかとハラハラして見ている。

　私は自信を持って"I have committed to the US constitution concept（アメリカの大地とアメリカ憲法の考え方に私自身を委ねている）"と言えるが、このようなアメリカ人を見ると、やはりヨーロッパの底辺からアメリカに移民されたことがアメリカの最大の不幸であったと言わざるを得ない。感情を押さえて"I do not think it is strange for them to claim the return of their own land（彼らが自分たちの土地を返せと要求していることは、おかしくないと思うヨ）"と言って立ち去る。彼は肩をすくめて分からず屋の外国人だという顔をして、アメリカ人観光客に訴えている。

　土産物屋が立ち並ぶ広場では、チェロキー族の正装をしたインディアンを見世物に、その傍らでは白人のアメ

リカ人が観光客に土産を売っている。インディアンの匂いのする瀬戸物や飾り物で利益を得ているのはやはり白人で、アメリカ中どこに行っても目にする光景である。アメリカがいかに民主化しようと、征服した者と征服された側の力関係は100年前と少しも変わっていないのだと実感させられる。否、むしろIT革命で高度情報社会をリードするアメリカ白人と、サーカスの見世物のように使われるしか存在価値を見出せないアメリカ・インディアンの差は開いていくとさえ思えてしまう。この部分だけを見れば、白人の為の民主主義と思わざるを得ない。

　土産物屋が軒を連ねる広場に出ると、一つの土産物屋から出てきたチェロキー族インディアンと思える男が、行き交う白人の観光客に何やら話しかけている。観光客は誰もが頭を横に振りながら去っていく。私と目が合ったその男は、我が家族のほうに向かって歩いてきた。そして"5ドル貸してくれないか"と頼む。聞けば土産物屋でチェロキー風の瀬戸物を焼いているが、白人の下で怒られながら働くのが嫌になったので、暇をもらって今から親族の待つ山中に帰るのだという。貨幣経済や契約社会のないアメリカ・インディアンの世界は、気前の良さで保たれていると本に書いてあったことを思い出す。自分が気前の良さを表すと相手からも気前の良さを要求するアメリカ・インディアンと個人主義で成り立ってい

る白人とは、初めから上手くいかなかったようである。万事相手の目つきや腹芸で会話する日本人とアメリカ・インディアンとの共通性を考えると、約束事や言葉の重みがないということだろうか。日本も島国として永年隔離されていたから曖昧で情緒的な情感が発達した分、言葉や法律を重要視する文明が成長しなかったのかも知れない。この点を見れば、日本人もアメリカ・インディアンを他山の石と見られない危険性を含んでいるのではなかろうか？　相手を信用しないところから協力・分業を進めてきた西洋文明は堅牢な土台から成り立っており、気分的な日本人が国際社会で高い地位を獲得するにはアメリカ・インディアンの敗北を対岸の火事と見るわけにはいかないと思えるのだが……。

　このチェロキー族の若者は"車や家電を造る日本人は頭がいい"と褒め称えるので、私は"日本だってアメリカの経済圏の中に組み込まれているので身動きができない"と自嘲気味に話すと"日本人が羨ましい。だって自分の国があるじゃないか"……この言葉は今でも私の頭から離れない。国を奪われた上、自国で囚人として生きるしかないアメリカ・インディアンは、その誇り高さゆえに苦悩の中にある。しかし白人のユートピアを作るため、アメリカ・インディアンを滅亡させようとした数々のアメリカ大統領の思惑は外れ、少数ながらもアメリ

カ・インディアンは生き続け、歴史の生き証人となっている。

　このチェロキー族の若者は"ソルジャーブルー（騎兵隊）がもう一度チェロキーを捕らえようとしても、グレートスモーキーマウンテンには白人の知らない洞窟が無数にあるので見つからない"と強がりを言ったが、私には征服された者の負け惜しみにしか聞こえない。立ち話をしている時、にわかに雨が降ってきたので軒下に入ろうすると、彼は"この大自然の恵みをなぜ受けないのか？"と言って天を仰いだ。大自然の中に生きたいとするアメリカ・インディアンと、それを許さない白人社会の対比はこれからも続くに違いない。財布から10ドル紙幣を出して渡すと、この若者は嬉しそうな顔をして"これで遠くの親族に会いに行ける"と受け取った。周りからは不審そうに見ていたアメリカ白人の視線が矢のように我が家族に突き刺さっていた。

　翌日、シカゴまでの600マイルあまり（1000km）をいつもの通り一気に走り抜け、南東のバケーションは終了した。

第6章　ニューイングランド（1989年8月）

目的地の決定

　1620年、メイフラワー号からケープ・コッドの岬が見えたとき、149名のピルグリム（清教徒）たちは狂喜した。そして上陸した大地に皆口づけをした……と歴史書は伝える。日本人の心の故郷が京都だとすれば、多くのアメリカ人にとっても移住発祥の地は意味のある所である。

　そうだ、ボストンへ行こう！　そう思って道路地図を見た時、ボストンの近く（といっても540km先）にモントリオールがあるではないか。この辺が、限られた時間にできるだけ多く見てやろうの精神が身についた日本人駐在員である。

　カナダのオンタリオ州は何度も行ったが、ブロードキャストは英仏2カ国語を使っているものの、やはりこのプロビンスはイギリス系である。本格的なカナダといえば、その起源をフランスに求めねばならない。少しかじった北米開拓史に興味を掻き立てられたことを理由にしているが、実は単なる欲張りである。そんなわけで、今

回の休暇をモントリオールとボストンに定めた。

　仕事のほうは工場が建設中であり、仕様変更や設計通りに運ばない箇所が見つかって気が抜けない時期だ。そして来月にはアメリカにコミットすることを印象づける展示会、落成式が計画に並んでいる。毎日が騒乱の中に過ぎていくこの時期に休暇を取ることは自殺行為とも思われる。それでも行こう……と思ったのは、忙中閑あり。一人くよくよ悩んでいても周りにいい影響は与えられない。むしろ泰然自若としていたほうが皆も安心する。貧すれば鈍するというではないか。気分転換すればまた新たな展望も開けてくるはずだ。

　アメリカ工場の建設は、施工主が計画通りに建物が立つかを毎時間見張っていなければ必ず間違いが起きる。それを指摘し、やり直させると竣工が遅れる。間違いが起きた原因は幾多のミーティングの中で話し合われ、その責任を明確にして完成期日を守らせる。それらの約束事は逐次ゼネコンから確認書が郵送されてくるので、アッという間に山積みになる書類。意見のくい違いが起きると弁護士事務所で確認書の修正を行い、そのまた確認書の束が出来上がる。多勢に無勢という面もあるが、この時ほど信頼関係で成り立っている日本のやり方が恋しく思えたことはない。でも忘れよう。否、一時でも忘れたい。つまり逃避である。本当は、どうにでもなれ！

という心境かも知れない。

　毎日険しくなる私の顔に、家族は責任がないはずである。日本企業の海外駐在員である限り、根なし草と働き蜂の性格を併せ持っている奇妙な人種が出来上がってしまったことは事実のようである。従って、毎回のことであるが思い立った時が実行に移す時で、それを逃すと二度と休暇のチャンスは訪れない。

長距離ドライブ

　瞬く間に荷物をパックアップした５人家族は、インターステート94を一路東に向かって走り始めた。車は、増えた家族のために買った中古のGMCコンバージョンバン。350CID（5700cc）もあるのにゴロゴロと唸り声を上げるだけで、加速ののろさは苦笑ものだ。コンバージョンバンというのは、コーチ・ビルダーと呼ばれる架装業者が主に内装を飾り、居住性を向上させたものである。無論外装にも手を加え、キャンピングカーに仕立てたものもある。いずれにしてもゴテゴテと着飾り、その趣味は嗜好の分かれるところであるが、あくまでエグゼクティブ・ライド（重役の乗り心地）に憧れを感じるアメリカ人の趣向を理解するには、これにキャデラックを加えれば事足りる。

　地平線まで続くインターステート94を鈍走すると（そ

れでも時速70マイル、すなわち112kmだが）、不整路面ですら難なく通り過ぎるのは決してトラクションが素晴らしくコントロールされているからではなく、柔らかいタイヤとサスペンションによって接地感がごまかされているだけにすぎず、逆に怖い気もする。しかし直線路しかなく、すべてが大まかな北アメリカのことであるから"ま、いいか！"と変な諦め方もある。

モントリオール

　北米におけるフランスとイギリスの起源を訪ねる旅行にワクワクしながら、3年おちのGMCバンを東に向けて走らせる。何度も走ったインターステート94からデトロイトでカナダ・ハイウェー401に乗り換える。

　第一夜はトロント周辺のモーテルに投宿した。翌朝、遅い朝食をとってひたすら東進する。つけっぱなしのFMは英仏2カ国語であるが、スカーボロ、ニューキャッスル、ピーターボロ……とイギリス色の強い地名が並んでいる。トロントから200マイル（320km）、オンタリオ湖を右に見ながら走ると、キングストン辺りから対岸のニューヨーク州が見え始める。いよいよセントローレンス川に差しかかった。400年前、フランス探検隊が大西洋からこの川をさかのぼり五大湖を通過してシカゴに至った。さらにシカゴ川を下り、ミシシッピー川に出ると南

下してメキシコ湾に到達し、その河口にニューオリンズを築いた。疲れを知らない自動車という乗り物で快適に飛ばしても体力を消耗するというのに、水路は手漕ぎのカヌー、陸路は森林の中カヌーを引きずって歩いた当時のフランス人の強靱な体力は想像もつかない。それにしてもセントローレンス川の美しさは絶景と言うほかない。ひんやりと澄んだ空気と陽光に輝く水面は、洋々と太古から自然の営みを続けている。かつて祖国日本も山紫水明の瑞穂国であったが、利権を巣くう行政がコンクリートのジャングルにしてしまった。

200km走るとケベック州に入り、カナダ・ハイウェー401は20に変わり景観は一変する。一言で言えばフランス的になったと言うべきか。イギリスくささが消え、その代わりにフランス色一辺倒である。道路標識だけでなく、家屋一つ見てもオンタリオ州とは違う。赤や青い屋根の家屋は何となくおとぎの国に迷い込んだ錯覚に陥るようで、享楽的で個人主義の強いフランス人の性格を表しているようでもある。州境から北東に70km行った所にモレアル、すなわち英語読みのモントリオールがあり、オタワ川がセントローレンス川へと注ぎ込む三叉路の中間に位置する中州の上にある。中州といっても長さ5km以上あるので、島の上にいるという実感はない。

初めての町へ到着するとトリプルA（American

Automobile Association）とAMEXの場所を確認する癖がついたのは、永年の駐在生活の為せる業かも知れない。トリプルAは道路情報だけでなく宿泊その他の斡旋、AMEXは不測の場合のキャッシュ化である。トリプルAで予約してもらったオテル・シタデル（Hotel Citadelle）という、いかにもフランス風のプチホテルへ投宿。英語しか話せないオンタリオ州のイギリス系やドイツ系のカナダ人と違ってケベック州のフランス系カナダ人は、普段話しているフランス語を相手によって即英語に変えられるバイリンガルだ。政治・文化的に独立を叫んでも、経済力のあるイギリス系オンタリオ州とは手を切れない複雑さがそこにある。そのためには寛容と妥協が必要で、バイリンガルはその産物と割り切って生きるしかないのだろう。

ヴェーモレアル

翌日、ヴェーモレアル、すなわち旧市街を観光。セントローレンス川に浮かぶサンエレーヌ島を見渡す広場は、レストアされた当時の面影に浸る観光客で賑わっている。華奢の都パリから帆船で大西洋を越えてきたフランス探検隊は、この丘からセントローレンス川を見つめながら何を考えていたのだろうか……としばし思いを馳せる。イギリス人のように武力で征服し、大陸経営を目論むこ

とはせずアメリカ・インディアンと融合し、毛皮商人となっていくフランス人入植者たちは、やはり享楽的な人生観を持っていたのだろうか。イギリスのハドソンベイ・カンパニーの脅威にさらされながら、ここから中西部を経てロッキー山脈に至る奥地に入り込んだフランス人が、やがてアメリカの西部開拓の水先案内人に雇われたのは皮肉なことではないか。これはフランス人に気宇壮大な戦略がなかったのか、イギリス人が並外れて貪欲だったのかのいずれかであろうが、当時の技術では測定不能な、気が遠くなるようなどこまでも続く森林を見ると征服することさえ諦めるのが普通で、フランス人のほうが常識的であったのかも知れない。あるいは逆に、それでも征服意欲を掻き立てられたイギリス人を褒めるべきなのかも知れない。

　街頭ではパリの街角にいるような路上の絵描きが似顔絵を競っており、三人の子供の似顔絵を注文する。もう一つアメリカと違うことを発見した。日本人を含めた外国人には事務的とも言えるほど無関心である。アメリカやカナダのオンタリオ州であればどこへ行こうとジロジロ見られる時もあるが、モントリオールでは"我関せず"……である。人間は表面的な排他とは裏腹にいったん受容されると抜けられないくらい親しくなるものだとすると、表面的な受容は実は排他的なのかも知れない。前者

の典型がイギリス人とされており、なかなか受け入れないがいったん受け入れるとそこから抜け出せないくらい親愛を示す。イギリスを宗主国とするアメリカは、それを崩れた形で受け継いでいるが、底は浅いので表面的な排他感は強いが受け入れも早い。それに対し、フランスは表面的な排他感はないが心の中は冷静な観念を隠し持っているように思える。ケベックにもそれが受け継がれているように思える。

　ここからさらに250km北東へセントローレンス川を下ればケベックがある。しかし一週間の休暇では一日とて無駄にすることはできない。モントリオールでさえ博物館や美術館に立ち寄ることもなく、後ろ髪を引かれる思いで、もう一つの目的地に向けて夕刻出発せざるを得ない。

ボストン

　モントリオールからボストンまでの350マイル(560km)は、トランスカナダハイウェー10、55が真南のバーモント州に入るとインターステート91に変わり、ニューハンプシャーに入る手前でインターステート93に乗れば直行できる。計算は成り立っても現実は計画通りに行かないことは多い。シカゴを出てから3日間の疲労が溜まってあえなくダウン。ボストンの手前200マイル（320km）で

睡魔が襲ってきたのでニューハンプシャーの片田舎で投宿。北アメリカでのドライブは日本と違って道幅が広く渋滞もないので安全であるが、居眠り運転だけは大事故に繋がるので休む勇気が要る。モーテルはインターステート脇には"Sleep cheap! Kids eat free!（安い！　子供の食事は無料！）"などと分かりやすい看板を掲げているので不自由はない。道路脇のモーテルは予約など不要なので"Do you have a room (available) for tonight?（今晩一部屋あるかい？）"と聞くだけでよいから簡単だ。ただし現金を持っていないならクレジットカードは最低2種類持っていたほうが安全である。手数料の高いアメリカン・エクスプレスを嫌うホテルやレストランも多いからである。

　すっかり疲労を回復した翌朝、2時間走ると環状インターステート95と交わる所からボストンの超高層ビル群が見え始める。ダウンタウンに入ってまず他の主要都市との違いを挙げるとすれば、碁盤の目のように首都計画されたものではなく、アメリカでは唯一整然としていない。しかも道路が狭く、大きなアメリカ車は動きづらい。それがかえって歴史を感じさせ、狭くて雑然とした生活に慣れた日本人にとっては快適と映る。

　通常どこの街へ行こうと宿泊は郊外の大きなホテルにして、毎日そこと街を往復することにしている。これは

多くのアメリカ人もそうであるが、安くて清潔である郊外のホテルを好むのは、市街地に通ってもパーキングに不自由しないからである。しかし、どうしても歩いて帰れる所にホテルがあったほうがいいと思える都市がアメリカには二つある。一つはニューオリンズであり、もう一つがボストンである。市内の狭苦しいホテル部屋はやむを得ないが、ホテルの周りに観光ポイントが集中しており、狭い市内で駐車場を探すことを考えれば料金も含めて妥協せざるを得ない。

　そんなわけでトレモント通りのクオリティ・インにチェックイン。早速、歩いてクインシーマーケットに行くと、1826年に食品卸業者を集めて町興しをしたといわれるファナルホールの広場はバザーのような賑わいだ。今や街並みの復元は全米的な傾向にあり、アメリカ国民が自国の歴史を顧みたい衝動に駆られているようにも思える。大道芸人や楽隊の喧騒がお祭り気分を掻き立てて楽しい一時であるが、昨日のモントリオールと比べると大きな違いがあることに気づいた。大きな音や派手なアクションを好むイギリス系に対して、フランスのそれは豊潤な薫りが静けさの中にあったような気がする。それはアメリカ大陸に入り込んだ両国の姿勢にも大きく影響したようである。イギリスのドミネーション（支配）に対してフランスのアダプテーション（適応）。文化水準の高

い国から来た人間ほど、経済的に支配するより未開そのものに憧れるものである。しかしアメリカ大陸におけるこの勝負の行方は、今結論づけるには早急すぎるように思える。

　新大陸に渡っても互いに560km離れたモントリオール、ボストンに分かれて英仏は対峙している。今、我が家族は独立戦争のひのき舞台となった現場にいるのだ……という興奮は、嫌が上にも私を早起きさせてしまう。

フリーダムトレイル

　ボストン・コモンにあるツーリストインフォメーションセンターで貰った案内図には、ちょうどここが起点となった歴史街道が色塗りされている。日本ではアメリカ旅行の案内書が多数売られているが、私は一度使って以来読んだことがない。理由は内容が浅い上、間違った情報が多いからである。この種の本は自分で行ったことがないのに情報をどこからか掻き集めただけなので、騙された気分になってしまう。予備知識がなくても都市毎にある出版物（アメリカであれば"Where"や"Key"）や、街角にあるツーリストインフォメーションのほうが最新で最良の情報をくれる。必要なのは多少の語学力であるが、それも図々しさでカバーすれば大概乗り越えられるし、それがまた観光の本質でもある。

この歴史街道はフリーダムトレイルと呼ばれ、アメリカの独立派民兵と英海軍の戦闘の場やイギリス兵による虐待の現場を順路としている。距離は1.5マイル（2.4km）と2.5マイル（4 km）に分かれており、最初の1.5マイルに14カ所の史跡が集中している。うだるような暑さの中では1.5マイル歩くのは大人でもつらいものだが、3人の子供を連れての家族観光は家族の反乱という一触即発の危機も孕んでいるので、適当な興味を引くことも必要だ。

　フリーダムトレイルの途中で偶然入ったレストラン、ユニオンオイスターハウスは、JFK（ジョン・F・ケネディ元大統領）のお気に入りのレストランで、いつも決まった席についていたそのテーブルに案内してもらうハプニングもある。"The British are coming！ The British are coming！（イギリス兵がやって来た！）"……突然大きなスピーカーが警報とともに叫び始めた。緊迫と悲痛が入り交じった声がバンカーヒルで鳴り響くと、観光客は一斉に遠くの海を見つめる。フリーダムトレイルの終点近くのバンカーヒルでは、攻めてくるイギリス艦隊を大西洋沖に発見した時の再現は臨場感を伴って伝わってくる。恐怖におののく植民地民兵の姿が想像できるようである。

　工場建設で忙殺され、家族との会話がない反省からバケーションを通じて埋め合わせしようとしたのに、結局

今回もまた"アメリカ発見"の趣味に付き合わせてしまった。その帳尻は夕食で合わせるしかないので、長男の名前に合わせたジミーズ・ハーバーサイドを予約した。このほかアンソニーズやアンズもシーフードとして有名で、海に面した都市には必ずあり、値段も手頃だ。量は１人前で日本人の２食分くらいあるので、空腹で行くのがコツである。料理はプローン（小海老）、ニューイングランドシュリンプ（ニューイングランド産海老）、ニューイングランドロブスター（ニューイングランド産伊勢海老）などニューイングランド産のほか、アラスカンキングクラブ（アラスカ産タラバガニ）、チェサピークソール（チェサピーク湾産平目）など種類も豊富だ。ほとんどを天ぷらにしてたっぷりとバターソースやケチャップに浸して食べるので、新鮮な刺し身に慣れた日本人には大味と思われるかも知れないが、私にはこのほうが醍醐味だ。ニューイングランドはイギリス系やアイルランド系のほかイタリア系も多く、シーフードはやはりイタリアンのカラマーリ（イカの天ぷら）と共に食するのが最高だ。

　ボストン最後の夜を太平洋に面した波止場に集中するレストランで過ごした後、シカゴまでの1050マイル（1680km）を一気に２日間かけて走り抜けた。

第7章　再び西部へ (1990年8月)

　アメリカ生活が長くなるにつれ、経験も訪問先も増える。そしてさらに行きたい所も増えるから不思議だ。ブラックヒルやヨセミテへ行ったのはもう何年も前のことであり、ここ数年は中西部周辺と東部がバケーションの目的地になっていた。西部にはイエローストーンやグランドキャニオンなど東部や中西部にない野生の響きが残っており、冒険心を掻き立てられる。工場を建設し、生産を開始してからの景気は低迷していないのに、日本経済の隆昌が喧伝されるあまりアメリカは防御に回り、何か萎縮しているようにも見える。結果的にセールスが伸びず、赤字も拡大し続けている。日本のSII（輸出自主規制）を巡って日米間の舌戦も激しく、我が社を訪ねてくる日本の取引先の管理者は一様にアメリカの生産性の低さをなじる姿が目立つ。日本の総地価がアメリカのそれを上回ったことを例に挙げ、なぜ袋小路に入ったアメリカまで来て生産するのか……などと疑問視する人が大半であった。どう言われようと我々は大きなマーケットに来たかったので来たまで……としか答えようがなかっ

たが、私が本社に一時帰国する度にも本社役員から同じことを言われると、意気消沈せざるを得なくなる。

　表面的な舌戦の裏で、現地で働く日本人の間ではアメリカは何か隠し玉を持っているように思えたが、気炎を上げる日本からの出張者の前では一笑に付された。日米の舌戦がどうであろうととにかく、会社を黒字にすることが先決だ……と業績のことが頭から離れないが、気宇壮大な景色を見れば気分も晴れるだろう。気分転換は早いほどよい。西部行きのバケーションは早々と決まった。

バッドランド

　ＶＷバナゴンに荷物を積み込むと、インバネス市から最寄りのインターステート90に乗り一路西へ。目指すはイエローストーンまでの1500マイル（2400km）。数年前の西部行きは勝手が分からず右往左往したが、今回は3人の子供たちも13歳、8歳、7歳とトイレに手がかからない年齢なので、一気にバッドランドのキャンプ場に滑り込む。走行距離は850マイル（1360km）、時計は午後8時を指しているから、休憩1時間を入れて13時間のドライブであった。70マイル（約115km）の速度は直線道だけなので、クルーズコントロールに入れっぱなしのドライブに疲労感はない。

　サウスダコタはマウンテンタイムなので、時計を1時

間遅らせて7時にセットする。日没までは2時間くらいあるので、月世界のようなバッドランドをしばし散策し、レストランでシャイアン族のパンを夕食にする。トウモロコシで作ったというパンは甘みが効いて、麦パンよりうまいのはなぜか？　アメリカ・インディアンは入植者によって都合のよいように歴史を消されてしまったが、案外彼らの文化は高いものがあったのかも知れない。

　キャンプ場は各州からのキャンパーたちで賑わっているが、日本のキャンプ場のような区切りのある団地サイトではない。ゆったりとした広場に常識の距離を保って駐車するので窮屈感はない。ＶＷバナゴンはウェストファリアのポップアップテントが付いたキャンプ仕様なので、ビバークの設営は10分とかからない。そこに中年のアメリカ人夫婦が近づいてきて、旅の談義が始まる。アメリカ人の旅先での閑談は詮索がなく、相手に悪感情を抱かせない気配りが行き届いている。将来どのような幸運が彼らに巡ってくるか分からないし、相手に良い印象を与えれば有益な情報をくれるかも知れないと期待する狩猟民族の特徴だと私は想像するが、当のアメリカ人たちにはそれが社交としての振る舞いとして板に付いている。夫婦は高校の教師をやっていたが子供が巣立ったので定年前に退職して、余生はアメリカ中を旅行して過ごすことに決めたのだという。天職の観念がない欧米人は

健康な時に会社を売ったり、退職したりして人生を楽しむ事に躊躇はない。その為、金を稼ぐ時のエネルギーは凄まじく、そのエネルギーを利用して業績を上げるゲームが経営と言えそうだ。ここで我々が日本人だと明かすと東洋における人生の悟りとはどのようなものか……と質問を受け困惑してしまう。熾烈な競争社会の中に身を置いていると、アメリカ人もたまには哲学的なことに疑問を持つものなのか……と感じ入ってしまうが文化的支柱が錯綜し、利権の巣がはびこった日本社会だって悟りなど考える余裕がないことを思うと面はゆい思いがする。

車は我が家と同じVWバナゴン・ウェストファリアで、モーテルにも泊まらず安く旅行ができるそうだ。そういえばこの車のファンは特別な愛着を持っており、インターステートでウェストファリアがすれ違う度に運転者が手を振っていたことが思い出される。

荒涼とした石灰岩の地平線に日が沈む景観は月面にいるかと思うほど美しく、大小数十台のキャンピングカーからも家族たちが外に出て感嘆の声を上げている。

ウーンデッドニーの大虐殺

すがすがしい朝をバッドランドで迎えた時、一つのアイディアが浮かんだ。ここから南へ75マイル(120km)行った所にウーンデッドニーという地名がある。「傷つい

た膝」と名付けられた由来は、アメリカ・インディアン降服の象徴として知られている。どんな所なのか行ってみよう。

　西へ直行する計画を変更してステートハイウェー377から44に乗り換えて南進すると、道が荒れ始める。直感的にインディアンの居留地に入ったと気づく。地図で見ると、パインリッジ・インディアン・リザベーションと書いてある。インターステートで給油しておかなかったのが悔やまれたが計画の変更は車旅行の場合つきもので、それがまた車の良いところでもある。この先どのくらいガソリンスタンドがないか分からないので、見つけ次第給油しようと思ったが、大きな起伏のある丘陵を何度乗り越えても街すら見えない。燃料計がエンプティーになりかけた頃、小さな村に辿り着いた。カイルと呼ばれる集落には一本の目抜き通りがあり、粗末なスーパーの横に給油器が一台置いてある。店内に人影がありそうなのでノックするが応答はない。ほどなく一台の車が停車し、中から中年の白人女性が出てきてオーナーが来るまで待つしかないと言う。彼女も給油に来たのだという。我々が日本からの旅行者だと知ると、彼女はサウスダコタ州の百年祭を成功させるためインディアンとの懸け橋になろうとしているが、インディアン側が頑(かたくな)に拒否するので苦労しているという。互いに過去のことは忘れて

一緒にお祭りを祝おうとの趣旨のようである。話の主旨は、分からず屋のインディアンに手を焼いているように聞こえる。どんな過去があったにせよ、現在その実りを共有しているわけではなく、祭りの時だけ仲良く見せかけようとするのは白人のずるさが表れている。

　ちょうどパナマのノリエガ将軍がアメリカ軍に捕らえられた事件があった。これはブッシュ元大統領がCIA長官の時、ノリエガに大麻の密輸を見逃す代わりに共産ゲリラの情報を横流しする密約を交わしていたが、用無しになると米軍はパナマに侵攻し、ノリエガを捕らえてフロリダに収監してしまった。密約の証人の口を封じるほかに、ベトナムで意気消沈したアメリカ国民にパックスアメリカーナの自覚を促し軍産業の食糧調達に必要だったことはよく知られている。軍産業は戦争がないと生きられない。私は、相手が日本であったならアメリカは軍事行動で天皇や首相を奪いアメリカ本土に収監するのと同じで、特に驚くことではないし、すべてを失ったインディアンを利用するのは難しいのではないか……と言ってみた。中年婦人は"白人のやったことはまったく間違いだらけで、日本人も同じ過ちをしないことを望みます！"と言う。相手が無知であれば簡単に味方につけようとするし、多少なりとも知識があると見ると正義の味方に早変わり！　まったく白人の変わり身の早さには脱

帽するしかない。

　私がここ以外に給油できる所がないのかと聞くと、彼女は斜め向かいの銃砲店を指して"あそこは自分のガソリンを売ると聞いたことがある"……と答えた。先を急ぎたい私が、では聞いてこようと歩き始めると、彼女は以前ここでインディアンが殺されたし、白人を信用しないほうがいい……と私の背中に向かって叫んだ。銃砲店の看板には「No Indian allowed（インディアン立ち入り禁止）」と書きなぐってある。ここはインディアンの居留地ではないのか。その中で営業する白人の店にインディアンが入れないとはおかしな話である。しかし西部では何があってもおかしくないのかも知れない。気をつけてネ、と心配そうな家内の声を背に、私は銃砲店に向かった。ドアをノックするが応答がないので押し開けて中に入ると、私は凍りついた。奥にいた３人の男たちが一斉に私を見ている。しかもその中の２人がライフルのトリッガーに薬莢を詰めているところであり、３人とも顔中髭だらけのマウンテンマンだ。残りの１人が店のオーナーらしく、"What do you know！"と私に大声で言った。以前友人から西部ではこう挨拶すると聞いたことがある。もちろん"何を知っているか"……ではなく、カウボーイの"ハウディ（Howdy）"と同じような"ヨウ！"に近い。撃ってきたらどうしようと一瞬思ったが、

咄嗟に出た言葉は"I need a gas, but I have a money！（ガソリンを買いに来た。金ならある！）"。店の男が恐ろしく低い声でゆっくりと"Go around the back door, I'll get you a gas！（後ろのドアから出ていけ。ガソリンを入れてやる！）"まるで西部劇だ。男が銃を置いて裏戸に歩き始めたのを見て、私は助かったことを実感した。

今さらながら"シビライズド"や"ソフィスティケイティッド"などという言葉は、アメリカの都市でしか意味を成さないことを思い知らされた一幕であった。暴力が支配するフロンティアは文字通り辺境地で、これにスピリットを付け加えても、あらゆる分野で覇権を取ったと自認するアメリカ人が決して誇れる代物ではないことが分かる。

カントリーロードを25マイル（40km）南下すると広漠とした荒野が続き、迷ったようだ。粗末なバラックが4〜5軒並んだ住居から出てきたインディアンに、ウーンデッドニーを尋ねてみた。顔立ちは白人の血が入っているようだが、バッファローのように厳めしい上半身をした彼は、"A couple miles down the road, but it's just a grave area（2〜3マイル行った所だが、ただの墓場だヨ）"と訝る目つきで応えた。一目で白人ではないと分かる家族連れが、なんで自分たちの聖地を訪れるのか分からないようだった。私は車に付けていたお守りを渡してお礼

とした。

　数分で着いたウーンデッドニー・マサカーは大きな石碑があるだけで、風の音しか聞こえない。1890年秋、パインリッジに集合した第七騎兵隊は、15マイル（24km）移動した所で遭遇したインディアンの女・子供200人を皆殺しにしたと記されている。19世紀末にはアメリカ大陸のインディアンはほとんど降服していたが、わずかな空間で白人に食糧を配給されるのを潔しとしないで狩猟を続けていた一部のインディアンがいた。しかし降服が時間の問題であったにも拘らず皆殺し政策が実行された理由は、軍人の職業確保にあったようである。

　メイフラワーの清教徒たちが冬を越せなくなった時、インディアンが七面鳥を差し入れしたのが、サンクスギビング・デイ（感謝祭）として祝われている。独立戦争や南北戦争の時は斥候として協力し、西部開拓の際には水先案内を買って出たアメリカ・インディアンは、アメリカ人の定住計画が進むと用済みとなり、根こそぎ虐殺されていく。白人の持つ凄惨な面が表れている。この地に立つと200人のインディアンの阿鼻叫喚が聞こえてくるようである。3人の子供たちは無邪気にマサカー（虐殺）の現場を走り回っているが、家内は胸が苦しいと訴え、この場を立ち去ることを促している。

　白人の運転する車が鋭い目つきでこちらを見ながら猛

スピードで駆け抜けていく。ここからインターステート90に戻るには不効率であるし、一度来たことのあるラピッドシティに行く必要もないので、ＵＳハイウェー18を西に進み85、16と乗り継いでインターステート90に戻る。

イエローストーン

850マイル（1360km）も走ったので、イエローストーンまでは残り650マイル（1040km）しかない。インターステート90をさらに150マイル（240km）西へ行くとワイオミング州に入り、イエローストーンはその北西の角にある。

慢心というものがあるなら、こういうことが慢心に該当するのだろう。私は今まで地球を何周もするくらい東に西に、そして南に北にアメリカ中をドライブしてきた。最初は１日500マイル（800km）のドライブがやっとだったのに、今では800マイル（1280km）以上を難なくこなせるようになっていた。昨日よりも200マイル（320km）も少ないドライブだという感覚が気を楽にさせ、バッドランドを出発したのは午前10時であった。350マイル（560km）走り、シェリダンを過ぎたあたりでインターステート90を下りてＵＳハイウェー14に乗らねばならない。その手前50マイル（80km）の地点、バッファローでＵＳハイウェー16に乗り換える方法もあるが、距離をインターステートで稼ぐほうが早いと思って北回りにしたのだ。とこ

ろがビッグホーン山脈に差しかかったＵＳハイウェー14の、高低の大きい曲がりくねった道は2100ccのＶＷバナゴンにとって苦手科目だけに奮闘するが、スピードは50マイルに落ちる。3時間かけてイエローストーン入り口に着いた時は午後8時を過ぎており、家族全員が歓喜の声を上げたものだ。予約したコテージはオフィスで鍵を受け取ることになっており、8時には閉館すると聞いていたからだ。

　イースト・エントランスで入村の手続きを取り、コテージまでの地図を見るとさらに30マイル(50km)あり、宿泊を諦める覚悟も必要となった。イエローストーン国立公園は一辺100kmの正方形で、ビジターセンターはその中央にあるから、ようやくその目的地が実感できた。しかし公園内の細い夜道は一歩間違えるとまったく別の方向に行くことになるので、夜中じゅうドライブということになりかねないし、真夏でも温度が下がる夜の野宿は危険だ。なんとか午後10時にオフィスに着くと、掲示板に我が家の名前と封筒に入れた鍵がぶら下がっており事無きを得たが、やはり知らない場所に行く長距離ドライブは早くスタートを切らねばならないとの教訓を得た。掲示板に我々のほかに未だ到着していない家族の名前と鍵が一個掲げられていたのを見ると、万事契約と自己責任で運営されているアメリカ社会はセーフティネットで

助けられる仕組みも完備していると感じ入ったものである。

　翌朝、イエローストーン国立公園の中央に位置する2つのサークルをドライブしてみる。半径13マイル(20km)もあるので、周遊は80マイル（130km）と巨大である。ここはアメニティーパークではないので、アメリカ人のバケーショニストたちはイエローストーン湖でキャンプをしたり、林道をトレッキングしたりして楽しんでいる。ディズニーワールドやナッツベリーファームに代表されるアメリカの騒々しいアメニティーパークと対極にある、大自然を楽しむ国立公園が完璧に保護されているのを見ると、日本との落差を感じざるを得ない。ここでは動くものは噴流を上げるホットスプリングスや野生のバッファローくらいしかなく、雄大な大自然に自らが溶け込もうとする謙虚さが求められていると思われてくる。慌ただしい旅程を組んでいる我が家は、半日イエローストーン湖の湖畔でゆっくりしただけでアウトドアのアクティビティもせず、この大自然を後にせねばならない。

　コテージに帰るや突然空から氷の粒が降ってきた。冷蔵庫の角氷くらいの大きさで、頭に当たると痛い。真夏だというのに瞬く間に芝草が真白な氷に覆われてしまった。身を守るものがないと怪我だけでは済まないだろうから、自然を見くびってはならないという教訓とする。

ジャクソンホール

　イエローストーン国立公園の南に隣接するのが、グランドティートン国立公園だ。森山に囲まれたジャクソン湖を中心にスキー場が集まっており、コロラドと並んでアメリカ屈指のウィンタースポーツのメッカである。イエローストーンをわずか一泊で通過した我が家は、ティートンの雄大な景色を見ているうちに、ここでもう一泊しようと決めた。このような柔軟性があるのも自動車旅行の利点である。昔映画で見た「シェーン」や「帰らざる河」のイメージがそこにあった。イエローストーンのサウス・エントランスから50マイル（80km）南にあるジャクソンホールは、サウスダコタ州のワイルドウエストとはまた違った西部開拓史のムードでいっぱいだ。

　夕食はカウボーイ・ディナーを予約する。大きな牛小屋のような建物の中で数人のカウボーイたちが繰り広げるドタバタ劇を見ながら、スズ製の食器で肉と豆を食べる簡素なものであるが、小話の"オチ"はこむずかしい理論を振り回すワシントンに対する牧畜農民のアンチテーゼである。100人くらいの観客はヤンヤの喝采であるが、長い歴史を持たないアメリカ人が単純に心の故郷を感じているとも言えるし、暗黒の西部開拓に対する自嘲とも言えそうである。自国が暴力で出来たことは否定できない事実であり、その上に立っている自らの存在も正

当化しなければならない。考えると面倒くさいものは笑い飛ばすに限る。例によって日本人は我々だけだが、アメリカ人にとってあまり見られたくないところを見られてしまった……というアメリカ人の目を幾分感じた場面でもあった。

翌朝は、予約したホースバックライドに集合する。ワイルダネスと銘打っているだけあって、主催のカウボーイたちは近くで見ると迫力のある荒くれ男たちだ。普通のアメリカ人より体も大きく、都会から来たアメリカ人観光客も緊張気味である。しかしどこの国の田舎人もそうであるように、人に媚びたことのないカウボーイたちは少し一緒にいると気は優しくて力持ちだと分かってきて、子供たちも安心し始める。森の獣道をしばし馬に揺られると、西武開拓時代のマウンテンマンになった気分になれる。形だけではあるが、これでティートンを満喫したことにして先へ急ごう。

サウスパス

フォーティーナイナーズはゴールドラッシュが始まると幌馬車隊を組んでカリフォルニアを目指した。1849年に始めたので、この名称が使われている。まるで狂気に取り憑かれたかのように毎年5万人以上が西に移動したため、その街道は今でも草が生えないくらい固まってい

る。サウスパスは約50万人、家族5人ずつが乗っていたとして10万台の幌馬車が通過したため、馬車の轍(わだち)が山道に刻み込まれている。

　ジャクソンホールを出てUSハイウェー191を150マイル(240km)南下すると、ステートハイウェー28に交差する。そこから30マイル(50km弱)東にサウスパスはあった。西部へ行けばどこにでもあるような粗末なゴーストタウンであるが、それが本当のゴーストタウンであるのかレストアされた観光地になっているのかは、実際に歩いてみなければ分からない。5～6軒の木造建物は、サウスパスがフォーティーナイナーズの後、駅馬車のデポーになったことを表しており、古ぼけた酒場やガン・スミスの看板も見える。

　目抜き通りの入り口付近で白人男が幌馬車を建造している。話しかけると、パイオニアが好きでペンシルバニアから数年前ここに移り住んだという。おまけに両親も呼び寄せたので、店で休んでいってくれと言う。目抜き通りにある自宅兼駄菓子屋に入ると、奥さんや両親まで出てきての歓待だ。東部出身の西部好きといった風情であるが、フォーティーナイナーズのことはすべて頭に入っているようで、何を聞いても楽しそうに答え、根っからパイオニアに心酔していることが分かる。子供たちも灼熱のゴーストタウンで予期せぬアイスクリームにあり

つけて夢中になっている。家内だけは他人の家に上がり込んで話し始めた私を見てニヤニヤしている。

　この一家はパイオニアのルートを幌馬車で体験する観光ビジネスを目論んでおり、幌馬車を建造しているのはそのためであった。両親は息子夫婦の夢に協力しているだけで、特にパイオニアが好きというほどではないように見える。一般のアメリカ人にとってフロンティア（辺境地）とは日本ほど美化されてはおらず、自分たちの祖先が通過した暗い過去にすぎない……という程度である。それより将来自分や自分の子供たちが現実の社会でいかに勝者になり得るかに興味があり、アメリカが最富国になった今、貧乏くさい過去を振り返ることはしたくない……と言ったほうが適切かも知れない。日本人の好きな艱難辛苦も、アメリカ人にとってみれば彼らの祖先がフロンティアに進出した理由は金儲けが目的なのであって、今のように楽に生きられるのであれば、すき好んでパイオニアになったことはないだろうと知っているからである。苦労話で同情や評判を得ようとする日本人と、目的と手段を区別するアメリカ人の差が明瞭に表れている。従って、日本人からフロンティア・スピリットと持ち上げられたアメリカ人は大概困惑気味である。この一家に我々は日本人であることを告げてみると、科学技術に優れた日本人は頭がいいと褒め上げ、日本人の旅行者

にもここに来てほしいと名刺を手渡すなどなかなかの商売人である。

　歓待ムードも極地に達すると、その後はこれを維持するか急降下するかのどちらかであることは過去何度かのバケーションで経験済みである。転機はやはりインディアンの話題であった。ワイオミング州の東南にはシャイアンという地名もあるくらいだから、ワイオミングはシャイアン族のテリトリーであった。私がこの近くにインディアンはいるの？　と聞くと、この主人は北に50マイル（80km）行けばインディアンは住んでいる……と言い、続けて、彼らは怠け者で、日本人のように勤勉ではない……と付け加えた。しかしフォーティーナイナーズが大平原や山地を移動した時、インディアンは道案内を買って出たり食べ物を与えたりして移住者たちを助けたのだった。

　怠け者とはおそらく征服された後、政府支給の酒を飲んでいることを示しているのだろうが、狩猟民族を居留地に押し込めて酒漬けにしたのは白人のほうではないか。絶滅を策謀しておきながら邪険に扱い、それを知らない日本人にも賛同させようとする根性は許せない。しかも何も日本人と比べる必要もない。この内容を伝えていくに従い、この主人の顔は険しくなり始め、すっくと立ち上がるとドアを蹴飛ばして出ていってしまった。重

苦しい空気が流れる中で、老夫婦は息子の剣幕を宥める
ことができなかった無力さと、自分たちの立場にメスを
入れた私とのハザマに立って困惑している。潮時であ
る。これ以上長居してもいいことはない。老夫婦に謝意
を述べると、こんなことになってしまって……と申し訳
なさそうに、子供たち3人分のアイスクリーム代を受け
取ろうとしない。意見は違ってもいいが、日本人にもプ
ライドがある……と言って代金をテーブルに置いて、表
に出る。仕事場に戻った主人は幌馬車の建造に精を出し
ており、こちらを見て見ぬ振りをしている。"Bye！"と
声をかけたが応答はない。

　相当私に気分を壊されたことは間違いないが、こちら
も簡単には騙されまいとするので、いつも通りの幕切れ
となった。車が街を離れると、家内が"もしあの男が殺
意を持っていたら、危険な目に遭っていたかも知れない
ので気をつけてネ"……と言う。まさか……と思ったが、
観光客もまばらなゴーストタウンのような陸の孤島で
は、何があってもおかしくないことも事実だ。

　ステートハイウェー191を南下し、ロック・スプリン
グスからインターステート80を西に250マイル（400km）
行けば、ユタ州のソルトレークシティーだ。モルモン教
の総本山として有名なこの街も、想像と違ってハイテク
の波が押し寄せる近代的な都市である。ここでこのまま

西進すれば、パイオニアが死の苦難を味わったというユタ不毛地帯とネバダ州のフンボルト川を辿ることになる。この周辺では一滴の水もない砂漠が65マイル(100km)続くが、パイオニアは道に迷うことがなかった。30ヤード（27m）おきに幌馬車の轍、腐った食料袋、牛の死骸、人間の死体が並んでいたからだという。パイオニアの通ったトレイルをこの目で確かめてみたいと思ったが、時間に限りのある駐在員の休暇では無理というものだ。いつの日か家内と旅行すると心に決めて、インターステート15を南下する。夕闇迫るソルトレークシティを背に、街道沿いのモーテルにチェックイン。

ラスベガス

　ここから400マイル(640km)あまり走るとラスベガスだ。昨日と違うのは景観で、200マイル（320km）くらい走ると辺りはまったくの砂漠に変わった。砂漠の中の一本道を走っている。西部劇によく出てくるシーンが目の前に広がっている。車から出ると熱風で肌が一瞬にして褐色に焦げそうだ。この炎天下を幌馬車で通過すると聞いただけでも正気の沙汰ではないことが分かる。車でも同じことで、ガス欠にでもなれば死ぬことはないが、助けが来るまで待つとなれば半死の状態になるに違いない。そう思って燃料計を見ればほぼエンプティーなので、

次のステーションで給油せねば……。

この渇水の砂漠を生き残ったパイオニアに対する止(とど)めの試練は灼熱の砂漠ではなく、シエラネバダ山脈の雪であったという。情報が不十分な当時、ロッキー山脈を越え、砂漠を通過したパイオニアは最終目的地が目の前に迫ったと安心したようである。9月から降雪のシエラネバダ山脈は、灼熱の直後には凍死の恐怖を味わわせる最後の関門であったと歴史書は伝えている。土も焦がす熱風の中をＶＷバナゴンは冷房を全開にしながら快走している。このように極寒と灼熱の環境に強いのは大容量のエンジンを持つアメリカ車であることは間違いないが、貧弱な2.1L水平対抗エンジンも耐久力だけでなく極限状態でも快調そのものである。

西側のエスカレート砂漠に差しかかった時であった。突然呼吸が乱れたようなノッキングが起き始めた。なぜだろうかと思った瞬間燃料計を見ると、30分前に給油を急いだことが思い出される。シマッタ……！　砂漠でのガス欠を恐れるアメリカ人は、満タンにしてから砂の大海を越える。従って砂漠にステーションは必然的に不必要となる。あと何マイルもつか？……次のステーションまではどのくらいか？……ガス欠を予測するだけで汗が流れ落ちる。遭難したパイオニアの心境だ。スピードを落として宥めながら走っているが、断続的なノッキング

はだんだん間隔が短くなってくる。やがて連続的なノッキングが起きるとエンジンはストールする。"エーイ！止まったら止まった時のことだ！"……とヤケクソになった時、エキジット（出口）のサインが見えた。しかしステーションのサインは見えない。通常ステートハイウェーと交わる場合、インターステートを下りたところにガスステーションがあるが、ない場合は集落まで走らねばならない。サインが見当たらないので集落まで何マイルか……などと考えているうちに、バナゴンはインターステート15を下り始め、同時にノッキングが連続的になってきた。もうダメだ……と思った時、サインにはなかったはずのステーションが目の前に現れ、惰性で返道を下りたバナゴンは給油タンクに横付けした途端、息切れた。"Hey, you have made it！（あんたヤッタゼ！）"

　アメリカではどんな場面でも冗談で迎えてくれるが、こちらは生きた心地がしなかったので泣き笑いといったところか。とにかくこれは奇跡としか思えない。さもなくばバナゴンとはよっぽどジョークが分かる車なのかも知れない。名もないくらいの小さな街のステーションに感謝し、満腹になったバナゴンは150マイル（240km）に迫ったラスベガスに向けて疾走し始めた。このことがあってから4分の1残量になると必ず給油する癖がついたので、怪我の功名と言えるかも知れない。

ラスベガス・ブルバードを南進すると、映画によく登場するシーザースパレスやフラミンゴを通り過ぎ、バナゴンは予約したトロピカーナの駐車場に滑り込む。即刻水着に着替えて子供たちはプールに飛び込むと、灼熱の恐怖は記憶の中から消えていく。そう、今我々はバケーション中なのだ。プールサイドで各国から来ている休暇家族と談笑し、生きていてよかったと思うのもこの一時である。全ホテルの入り口からロビーまでギッシリとスロットルマシンが敷き詰められているラスベガスでは、子供もギャンブルに参加できる。我が家は誰もギャンブルに足を向けることなく、家内と、アン・マーグレットのショーを見てベガスの夜を終えた。もちろん子供たちは10時に寝かせてからである。

グランドキャニオン

　グランドキャニオンのサウスリム（南端）までは280マイル(450km)しかないので、出発はゆっくりできる。午後4時に友人のN君家族とグランドキャニオンのホテルで会う約束になっている。N君は大学時代からの友人で、総合商社のロサンゼルス駐在員を振り出しに海外生活が長く、西部へバケーションだというので出発前からどこかで会えないか話し合っていた。日本国内と違って何千マイルも離れていると、友人といってもなかなか会える

機会がないのが海外駐在である。N君から送られてきた旅程表を見て驚いた。一時間刻みに行動が詳細に予定され、三食の食べ物まで決まっている。道順はグランドキャニオンで我々と交差することになっているので、日時を合わせるだけで会える段取りができた。

　ベガスからＵＳハイウェー95、93と乗り換えて30マイル（50km）東へ行くと、州境のコロラド川に当たる。これがニューディールのフーバーダムか……と日本の教科書で習ったことを思い出すが、ダムを見慣れた日本人にとっては拍子抜けする規模でしかない。アリゾナ州に入ると赤茶けた砂漠と小高い丘の景観に目が慣れ、毎日1000km近く移動していることも実感がなくなってくる。ベガスから約4時間のドライブ。定刻にホテルに着くとN君家族と再会、やはり久しぶりに日本人と会うと、独特の情感の味があるものだと実感する。子供たち同士で遊び始めると英語が飛び交い、国籍不明の人種を創ってしまったのかと内心疑問を感じてしまう。子供たちを寝かした後、夫婦同士でバーに行って久しぶりに大人の時間を持つのもいい。N君はこのままアメリカに残ってベンチャーを起こすことを考えているという。日本に帰国してもサラリーマン生活をまっとうするだけでは先が見えているからだ。現実はそう簡単ではないにしても、アメリカにしばらくいると誰しも可能性のある社会に見え

てくるのは、アメリカの持っている魔力なのかも知れない。あるいは自己責任さえ奪われた日本の管理社会に限界が来ているのかも知れない。

　翌朝、N君家族と５時にグランドキャニオンに行くと、御来光を見ようと大勢の人が集まっている。偶然、子供と同級の日本人家族に会い、我々がシカゴから車で来たことを話すと一様に驚くが、私から見るとなぜ皆機動力のある車にしないのか逆に不思議な気がする。飛行機とレンタカーではお決まりの観光地しか行けないではないか。N君家族と別れ、我が家はグランドキャニオン探索のため、ヘリコプターに乗り込む。それぞれの予定を互いに尊重するため、限られた時間のみを共有するのが友人関係を続ける本質だと思っている。ヘリコプターは受付で"事故の場合は責任を問わない"……と誓約書に署名を要求されたので、死亡の場合の保障を尋ねると事故の例はないとの一点張りである。保険による保障は、もともとないと思うことがあった時のためにあるのではないか！……と詰め寄ると、周りの観光客も不審そうに見守り始めた。家内はもういい加減にしたら……とサインを送っている。ヘリコプターに乗れなくなるからである。

　切り立った渓谷の最深部に舞い下りるスリルは＄200の料金を忘れさせるくらいのものだが、操縦士はテンガロンハットにウェスタンブーツというカウボーイスタイ

ルで、この国はどこまで行っても自由を守ることは想像に難くない。

　渓谷のトレッキングも盛んで、ヨーロッパからの観光客が大勢重装備で下りていく。ヨーロッパからの観光スポットとしてフランス人はニューヨーク、イギリス人はフロリダ、日本人はロサンゼルス、そしてドイツ人がこのグランドキャニオンと嗜好が決まっているらしい。3分の1の所で膝が笑い始めた。何千マイルもアクセル・ペダルを踏み続けて来たので一種の職業病である。それを理由に、子供たちの誘いを振り切って中止とする。雄大な渓谷でのトレッキングは日常を忘れさせ、人間を地球上の一生物に帰してくれた気がする。

アルバカーキー

　ニューメキシコのアルバカーキーまで400マイル(640km)を目指す。ステートハイウェー60を南下してインターステート40に乗ると東へ一本道である。点在する地名はスペイン語に変わり、この地が紛れもなくスペインの領地であったことを示している。渓谷でのトレッキングの疲れがたたってアルバカーキーの手前でダウン、エル・ランチョというモーテルに飛び込む。

　ホテル、レストラン、土産物屋、顔つきから見てすべてスペイン系だ。ここでも歴史の爪痕が色濃く残ってお

り、経営者やオーナーはすべてスペイン系アメリカ人である。下働きはもちろんアメリカ・インディアン。騎兵隊による北部インディアン虐殺はよく知られているが、スペイン軍によるインディアン狩りも凄惨を極めた。何しろインカ帝国を滅亡させたコルテス以来、殺戮と略奪はスペイン軍の伝統である。アパッチは絶滅の危機に瀕したが、ナバホとホーピー族の生き残りが土産造りやホテルの掃除人として働いている。

　モーテルのプールで泳ぎ、シャワーを浴びると身体は素直にリフレッシュし、モーテルのレストランでエンチェラーダを頬張る。毎日の活動で子供たちは即寝る癖がついたので、車によるバケーションの良さは随所にあるようだ。南部の片田舎にあるバーはどんなものかと家内と2人でモーテルに備わったバーに出かけてみると、生バンドはカントリー、男ばかりの客たちはすべてカウボーイときているから田舎くささは最高潮だ。30分くらい音楽を見ながらビールを飲んだが、他の数人の客もバンドを見ているだけで微動だにしない。黙ってビールを飲んでいるだけである。

　隣のボックスにいる二人の男たちはテンガロンハット、ウェスタンシャツ、ジーンズにウェスタンブーツといういでたちで、おまけにブーツにはスパー（拍車）を付けたままである。私は家内を制して、この男たちにこちら

に来て一緒に飲まないかと持ちかけてみた。家内は見ず知らずの、しかも荒っぽそうな男たちとトラブルが起きるのを警戒しているようであったが、2人のうち年配の男が躊躇しながらも本当に我々のボックスに来てしまった。アーアという顔をしている家内をよそに、私がこの男に話し始めると、フェニックスに馬を売りに行った帰りであるという。もう一人の若い男もこっちに呼んだらどうかと言うと、自分の息子だが本当に呼んでもいいのか？……と何かオドオドしている。家内も諦めて仲間に入ってきたが、4人で飲んでいても話すのはほとんどこちらのほうである。我々がシカゴから来たと言うと、行ったことはないがどんな所か？……もともとは日本から来たと言うと、日本はどこにあるのか？……とまるで話が噛み合わない。父親のほうが何か小声で言ったので聞き返すと、私の家内と踊っていいかと、はにかみながら聞いている。家内が喜んで……と言うと、フォークダンスのような踊りを踊っている。踊り終わって戻ってくると、自分たちの牧場が近くにあり、村の人もいい人ばかりだと盛んに誘いをかけてくる。あぁ、純朴なのだ……。屈強なカウボーイは直接表現ができず、なんとか訪ねてほしい旨を示すが、息子はさらにはにかんで下を向いて押し黙ったままである。目から鼻に抜けるほど鋭利な頭脳で押してくる大都市のアメリカ人ばかりと付き合って

いると、このように純朴なカウボーイも同じアメリカ人なのだ……と妙に安心してしまう。もし明朝彼らの牧場を訪問したいと言ったら喜んで村の皆に我々を紹介し、金はかけなくとも裏庭で牛肉のパーティーを始めるだろう。日の出とともに働き、日の入りとともに就寝するシンプルライフの彼らにとっては、東洋の国から来た日本人を迎えて友達になったことは後々の語り草になるだろう。こういう経験も面白いかも知れない……。近日中に仕事に戻らねばならない私は半分後ろ髪を引かれる思いで謝辞を述べたが、相変わらず彼らは今夜は楽しい思いをさせてもらったと、父子とも嬉しそうであった。

サンタフェ

アルバカーキーからサンタフェまでは60マイル（100km）、約1時間で行ける距離である。今回のバケーションの中で一番少ない移動は、旅のゆとりを感じさせる。朝寝をして遅めのブランチをとった後、正午過ぎにインターステート25を北上する。

街に入ると建物はすべてスペイン風の砂壁と赤瓦で造られており、何となく南欧の匂いを感じる。プラザ広場には、ナバホ族の銀細工やホーピー族の砂絵が売られている。しばらく街中を散策すると、サンタフェが芸術の街だということが分かってきた。キャニオン通りにはア

トリエが多く、洗練された店が並んでおり、西南部の砂漠の中にポツンと出現したオアシスの感がある。聞けばこの街はスペイン、アメリカ・インディアンの文化が交じり合った芸術の交差点であるという。インディアンの中でもホーピー族は芸術に優れ、砂の上にペイントしたサンド・ペインティングは、サトル（巧妙）と言うに相応しい。

このような強烈な文化を放つ街はアメリカに類がなく、強いて挙げればフランスの香りのするニューオリンズ、イギリス色の強いボストンくらいだろうが、それでも街を歩くだけでも独特の豊饒を感じるのはサンタフェが持つ芳香なのかも知れない。1カ月とはいわなくとも最低1週間は滞在したい街だが、そうは行かないことは分かっている。

ダッジシティ

サンタフェからインターステート25を北に150マイル（240km）行った地点で、USハイウェー56に交差する。このまま北上するとデンバーなので、灼熱のニューメキシコとウィンタースポーツのコロラドが隣接していることは意外とも言える。しかしサンタフェがロッキー山脈の南端に位置し、スキー場でもあることを聞けば頷ける。

デンバーからインターステート70を東へ進めば帰路に

は最短となるが、目的地の一つに選んだダッジシティーへは適当なUSハイウェーを使って南下しなければならない。さんざん考えたあげく、思いきって三角形の底辺を走るUSハイウェー56を取ることにした。アメリカやカナダで多くの旅行者がUSハイウェーやステートハイウェーを通らずインターステートに集中するのは道路が広いからではなく、道路情報や事故処理の利便性による。交通量はむしろUSハイウェーやステートハイウェーのほうが少ないので速く走れることも多い。

　ダッジシティはUSハイウェー56を300マイル（480km）行った先にある。この街へ行く理由は、旅の締めくくりとしてOK牧場の決闘などで有名なワイアット・アープやドグ・ホリディーのいた現地を見たいからだ。インターステートに比べ、一般道の長距離ドライブは退屈さも倍増する。トウモロコシ畑の中、地平線を見ながらひたすら走るのみで、たまに見かける変化は地形のうねりとガソリンスタンドくらいである。ガソリンスタンドの横にはしょぼくれたタバーン（一杯呑み屋）があり、村人の集会所になっているのだろう。何度か興味本位で入ったことがあるが、よそ者を見る目つきといったん話すと止まらない雰囲気は、どの国の田舎でも同じだ。

　2時間も走ると昆虫の死骸で前が見えなくなるので、

その度にスプレーでフロントガラスを拭き取らなければならない。5時間かけてUSハイウェー56を走ると、バナゴンは夕暮れのダッジシティに到達した。街は意外と小さい。ダッジシティも19世紀後半、無数に出来たカウタウン（牛の町）の一つであったが、時代についていけなかったのだろう。当時の町の広場が鉄道の駅になったくらいで、その他は何ら変わっていないように思える。

　適当なモーテルを見つけてチェックインすると、ブーツヒルを散策してみる。名称の由来は、死体にウェスタンブーツを履かせたまま埋葬したことによる。小高い丘には粗末な墓標が並んでおり、ガンマン同士の撃ち合いがあまりに多すぎたのでウェスタンブーツを脱がす暇もなかったのである。当時は案外シェリフ（保安官）とアウトロー（ならず者）の区別はなかったのではなかろうか。力が支配するワイルドウエストでは、ならず者が腕力を買われて保安官になり、その逆もあったようで、日本では正義の味方として知られているワイアット・アープ自身、その行動に不審なところも見られる。レストアされた保安官事務所は実に粗末な小屋で、荒くれ者たちが放たれた無法地帯が偲ばれる。

　さて、2回目の西部旅行も終わりの日が来た。ダッジシティからイリノイ州の自宅までは900マイル（1500km）あまりある。ラスベガスから随分東に戻ったとはいえ、

一日で帰れる距離ではない。改めて北米大陸の大きさを実感せざるを得ない。

　翌朝ＶＷバナゴンの強靱な2.1L水平対抗エンジンは一発で目覚め、地の果てまでも進もうと誘発する。サンタフェから親しんだＵＳハイウェー56の延長線上にはカンザス州を横断するインターステート70との交差点があり、これを東進すればカンザスシティーを経由してセントルイスに至る。600マイル（960km）を9時間で走った。セントルイスでは我が家の恒例になったスパゲティ・ファクトリーで大盛りパスタを食べ終えるや、モーテルのベッドに直行。最終日の300マイル（480km）は普段の倍ほどに長く感じられ、4750マイル（7600km）ものドライブは正気の沙汰ではないと自問自答していた。

第8章　最後のロングジャーニー
(1991年8月)

　1990年末に起きた日本経済の破綻は、北アメリカでは賛否両論であった。つまり日本製品に依存し、真剣に自らの将来を心配しつつも日本の再興を信じたい態度が表れ、日本の台頭を苦々しく思っていたアメリカ人は、やっと不透明な経済運営が資本の論理の裁きを受ける時が来たと喜んだ。この底流には自由主義の盟主復活の願望がアメリカ人の中にあることは間違いない。高関税→ダンピング→ローカルコンテンツ→ユニタリータックス→1＄＝11？円と次々に打つ手を巧みに逃げ回る日本のイメージがあり、ついに日本は自己矛盾で崩壊し始めたとほくそ笑む気持ちも感じられた。同時にアメリカに出張してはアメリカ企業をこきおろす日本人管理者も潮が引くようにいなくなったことも確かであった。

　逆に1987年10月のブラックマンデー以来、低迷していたアメリカ経済も1991年中期には消費から回復の兆しを見せ始め、我が社の単年度赤字も急速に減りつつあった。この分だと来年度には黒字転換できるかも知れない……。日本本社では黒字転換しなければ私自身が辞職を厳

命されていたので、赤字が続けば退職せねばならない。アメリカ人従業員はそれぞれの責務を機能的に果たす企業文化が芽生えつつあり、業績の回復がそれに拍車をかけているようであった。景気の要因というより自分たちで目標を達成しつつあるという意識が強いので、下手な経済分析の話より彼らの自信創造を増長する側に立って細かい個別の成功を称え続けた。この相乗効果は大きかった。方法が見つかれば楽しく仕事をして経営トップに認められる。認められればもっと認められようとする意欲が湧き、それが昇給、将来の安定に繋がる。

　この動きと勢いを見る限り、創業5年目の黒字転換を疑わなかった。結果が早く判明する社会、可能性が大きい社会……これがアメリカとすれば、日本はその対極にあるように思える。形骸化した礼儀が醸し出す中世のような上下関係、それが安定生活にしがみつく原動力となり、あるのは生産効果とQC（品質管理）のみ。それが中央省庁の撒いた媚薬だとしても、企業経営者、政治家、銀行家がそれに刃向かうことなく恭順しているのは、彼ら自身も日和見主義的に生かされていることにほかならない。永住権を取って永住するか？　滞米10年を来年に控えた私には帰国か永住かの決断が迫っており、日本での企業経営に就くならば、これ以上長く海外生活を続けるわけにも行かなかった。これをすべて総括するために、

バケーションに出て考えよう……。そう思った私はその旨を家族に告げ、車旅行の準備に取りかかった。

日本人社会ではカナディアンロッキーへのバケーションが流行し、飛行機、レンタカー、ロッジのパッケージが多く売り出されている。しかし我が家は伝統を守り、大地を這う車旅行と決まっている。

最長不倒距離

方角が同じでない限り、できうる限り同じ道は走らないのが信条でもあるので、シカゴよりインターステート94を北に取る。アタリがついてきたＶＷバナゴンは、脂が乗った年頃でもある。しかし14歳、9歳、8歳と大きくなった子供たちを乗せて鈍走する2.1L水平対抗四気筒は、いかにも非力に感じるのはやむを得ない。220マイル（350km）行った所で左折するとインターステートは90に分かれサウスダコタへ続くが、今回はこのまま北上してミネアポリスを通過してから西に向かう。

家族旅行とは、一日に一体どのくらい走れるものか？イリノイ州からウィスコンシン州、ミネソタ州を縦断し、ノースダコタ州の中央・ビスマークを過ぎる頃には850マイル（1360km）を超え、最長不倒を記録した。ミシシッピー川もこのくらい緯度の高い所に来ると川幅も細く、1km余りといったところだ。

家内の腱鞘炎がひどくなってきたので、少し様子を見ることにしてインターステート脇のキャンピング・グラウンドに停車。オドメーターは960マイル(1530km)を指している。アメリカはどこでもキャンプ場の看板が目につくので探すまでもない。サリー・グリーク州公園と表示されたキャンプ場に入ると巨大なキャンピングカーが数台停まっており、先着の家族連れと軽く挨拶を交わす。時刻はマウンテンタイム午後8時なので未だ明るい。中西部時間では午後9時なので、午前6時に出発し、15時間かけて960マイル(1530km)走ってきたことになる。休憩時間や給油時間を引くと実質ドライブ時間は13時間となり、平均時速は74マイル(120km)である。走行距離が1000マイル(1600km)に届かなかったのが残念であるが、私の知り合いの中では未だこの記録は破られていない。

　ウェストファリアはポップアップと呼ばれるテントが備わっており、屋根を跳ね上げればキャンピングカーに早変わりする。2階に2人、1階に3人に分かれて就寝。翌朝、隣のキャンピングカーの家族が寒くなかったかネ……と声をかけてくる。真夏とはいえ、カナダに近い緯度では寝袋にくるまっても冷え込むものだ。

　この先長旅のため、家内の腱鞘炎を治しておこうと思って病院に向かう。程なくディッキンソン・コミュニティ・ホスピタルという病院で病状を訴えると、例によっ

てアドミニストレーションで支払能力をチェックされるが、所持している保険が利かない場合、後日請求することで応診に回される。このような場合まず支払い能力があるかチェックされ、それが確認されると応診＋支払いが行われる。後日保険でカバーされると分かった時のみリファンド（返金）される中西部と違って、万事のんびりしている。応診の医師はおそらくこの村始まって以来の日本人患者に対し、日本の医学研究は知らないがアメリカの医学研究では……となんとか不安を和らげようと努力している。やはり片田舎での治療でも最新の知識があるのだと強調しているわけだが、一般にアメリカの病院はインフォームドコンセント（患者の同意）のもとに治療方向を決めるので、これに慣れれば快適である。

　医師はセールスマンのように懇切丁寧で、先を急ぐ我々は話を遮って病院を出ねばならない。

　インターステート94に戻って西へしばらく行くと家内の症状は回復し、アメリカはスーパーマーケットと同じくどこへ行っても同じレベルの医療サービスを受けられることを認識した。一方、出発の時刻は午前10時を過ぎてしまったので、予約したカナナスキスのホテルまでは一気に走らねばならない。モンタナ州に入るとインターステート沿いの草原がトウモロコシ畑や麦畑に開墾されている姿が目につき、アメリカ農業もコスト競争の中で

企業化していかざるを得ない過渡期であることを物語っている。

　モンタナ州の南西のビュートでインターステート15に乗り換え、北に向かう。ディッキンソンを出発してから11時間後の午後9時に、カナダとの国境・スイートグラスに到着。走行距離は700マイル(1120km)を指しているので、休憩1時間を引くと9時間半のドライブは平均時速74マイル(120km)となる。カナディアンロッキーの麓・カナナスキスまではどのくらい距離があるか分からないが、どうせ夜中になることは間違いないし、イミグレーションは24時間開いていることを確認すると、急に力が抜けてきた。まずエネルギー補給だと考えて、しばらく味わえないアメリカ側のレストランで夕食をとる。

　午後10時にカナダのイミグレーションに並ぶと、車に乗ったままでスムーズに流れている。アメリカ人とカナダ人は運転免許だけで簡単に通過している。我が家の番になると、外国人であるからパスポートの照会は仕方ないとしても、所持金や荷物のチェックまで要求される。そのため私の列が渋滞し、後列の通関者は日本人のせいで時間がかかったと思っているに違いない。私はカナダの担当官に"Do you guys always do this for the Japanese？(アンタらはいつも日本人にこういうことをするのか？)"と尋ねた。彼は"Nothing personal. I'm just doing my job, is it bad？（私は自分の職務を果たしているだけです。それが悪いですか？）"……無論予想された返答であり、話したからといってどうにもなるものではない。しかしアピールだけはしておきたい。私は"No, not at all. It's just for reciprocation on my mind for the time you guys come to Japan（全然問題はない。ただアンタらが日本に来た時のお返しのためにです）"と言って通過した。担当官は肩をすくめていたが、小さいことの積み重ねが国のステレオタイプを変えていくことに繋がるし、おとなしいだけでされるがままの日本人のイメージは逆利用される害しかない。

30分も道草を食った後、プロビンシャル・ハイウェーを4、3、2と乗り換え、漆黒の闇の中を疾走する。家族は全員がグッタリと寝ている。200マイル（320km）走った所で眼下に大きな光が見えてくる。カルガリーだ！と叫ぶ声に長女が起きてきて感激している。時計は午前1時を指しているが、カルガリーの街は闇の中に咲いた大輪の花のように輝いており、大自然があまりにも大きいと逆に人工的なものに温もりを感じるものである。

目的地カナナスキスはここから40マイル（64km）余り。午前1時半に到着した。オドメーターは940マイル（1504km）を示しており、2日間で合計1900マイル（3040km）を走破したことになる。

カナナスキス

　翌朝レンタサイクルでホテルの周辺を散策してみると、ロッキー山脈の東側山麓にあるだけに起伏に富んだリゾートであることが分かる。シカゴから2日間でカナディアンロッキーまで走ってきたことは、やはり正気の沙汰ではなかった……と今さらながら思う。森林の中に作られたサイクリング・トレイルには渓流も多く、家族の絆を深めるには最良の環境でもある。アメリカやカナダのバケーショニストがゴルフやテニスの合間にホテルで自然に振る舞えるのは、日本のように時間に追い立てられる遊びをしていないからなのだろう。気が向けば一緒にプレイし、話に熱中すれば他のグループを先に行かせ、疲れたら途中でやめる……といった光景をよく見かける。

　逆に仕事において日本人は日中ダラダラとリラックスしており、欧米のバケーション気分のようである。日本の生産性は残業を含めた長時間労働と職場で生活する慣習に支えられているので、その運命共同体意識がなくなれば崩壊せざるを得ない。安定生活と引き換えに形骸化した忠誠心や礼儀の強要がこれを可能にしたため、世界でも希な行動規準を持つ人種が出来上がってしまった。アメリカのリゾート地に来る度に日本が持つ特異性とのギャップを感じざるを得ない。バケーション3日目は、カナナスキスのリゾート気分の中でいろんなことを考え

させられながらゆっくりと過ぎていく。

バンフ

わずか一日では3000km走破の疲れは取れないはずだが、雄大なロッキー山脈は見ているだけで次への行動を促すエネルギーを与えてくれる。プロビンシャル・ハイウェー40を北へ進み、トランスカナダ・ハイウェー・1を西に20マイル（32km）行くと、四方を山に囲まれた盆地に出る。バンフのサインでエキジットすると、そのままバンフ・アベニューに入り、2〜3マイル走るとボウ川の橋に行き着く。

カナナスキスと違って日本人観光客の姿を多く見かける。車を下りて観光客が集中するバンフ・アベニューを歩くと、アメリカのワイルドウエストとはまったく趣が異なり、どことなく日本の上高地に似ていようか。日本の芸能人が経営する土産物屋も散在するが、トレッキングなどのアウトドアに関する店が多く、街を囲む山脈の景観とボウ川の清流が相まって清潔さはこの上ない。

周辺の地図を買おうと書店に入ると、日本人観光客が盛んに店員に尋ねている。ОLとおぼしき女性たちは立ち往生しながらも立ち去る気配もなく、店員はウンザリしている。そこへ別の店員がやって来て、応対していた若い男性が小声で話すと二人は鼻で笑い始めた。くだん

の日本人女性たちは何も分からないまま応対を期待している。"Hey, what's up?（ヨウ、どうなった？）" "These little guys don't speak English at all and I told them I have no idea. But they don't leave. It's bothering me.（このチビたちはまったく英語が分からないし、俺は知らないって言ってんだヨ。でも奴らは帰らないし嫌になっちゃうヨ）" "It never ends, 'cause they keep coming（それは終わんないヨ、日本人の観光客は止まないからネ）"……私は怒ってきた。カナダ人の店員に対してではなく、日本人観光客に対してである。なぜ相手がこれ以上時間を取られるのを嫌がっていることが分からないのか！　なぜ相手の親切心ばかり期待するのか？　言葉が分からなくてもインスティンクト（本能）やアサンプション（推量）で判断できることはいくらでもあり、プライドを保てる方法もいくらでもあるはずである。このような光景はカナダに限らずヨーロッパや東南アジアに至るまでどこでもお目にかかれる。気配りと主張を使い分けない限り日本がアンダーエスティメート（見くびられる）される場面は無限に広がっていき、世界に均一製品の洪水を引き起こしたのは無智と従順の為せる業であったと思われかねない。何も欧米の真似をする必要はない、日本には日本の価値観があるのだから……と言う人がいるかも知れない。しかし日本人がよく主張する奥ゆかしさや美徳とす

るものを言葉で説明すること自体困難であり、第一当の日本人が日々奥ゆかしさや美徳を実践しているとは思えない。このように逃げ口上にしかならないものはさっさと捨てて、人間らしい主張をするほうがより世界から好感を持って見られるのではなかろうか。

　このような点を見ても日本人は国際性がなさすぎる。国際性とは何かというと定義が難しいが、一つはパワー・トゥ・クレーム（主張する力）であると思う。そのためには語学力も必要だが、それ以前に「権利の尊重」と「権利の主張」がなければ語学力は単なる無駄口でしかない。言語に流暢さがなくとも内容に意味があれば、逆にその努力を認めたくなるのは洋の東西を問わない。外国人のちょっとした日本語の誤りに揚げ足を取るのは日本人くらいのものである。これは、細かい過ちを指摘される割には本質を曖昧にする日本の教育に問題があるのではなかろうか？　結果的におとなしくさえしていればいい子と評価され、点数が良ければ人間性もいいはずだ……としつけるのは教師にとって都合がいい。日本全体がこの図式にあるとすれば、現在に至るまで刃向かわない国民を綿々と造ってきた明治時代の教育勅語は、帝国陸軍と中央省庁にとっては都合がよかっただけのことではないか？　日常的な場面から世界とリズムが合わない日本人を見る度に問題の根深さを感じてしまうのは私

だけなのだろうか？

　胸に曇りを感じたままバンフ・アベニューに出ると、何組もの日本人グループに出会い、ここが日本人にとって大きな観光スポットになっていることを実感する。しかしよく見るとやはり欧米人のほうが多く、日本人は実態より多く見えることに気がついた。これはなぜなのか？　永年アメリカに住んで、しかもあまりアメリカ人さえも行かない観光地巡りをしていると、日本人観光客を多く見る場面に接し、妙な疑問が湧いてくるものである。

①いつも団体でいて、同じような行動をしている。
②周囲に対する警戒心がなく、表情にも喜怒哀楽がない。
③目が合うと、特に相手が日本人であれば即刻目や顔をそむける。

　これが日本人の持つといわれる奥ゆかしさや美徳から生まれてきたものだとすると、それは文化ではなく風習か因習の類で、持っていても百害あって一利なしではないだろうか。特に相手を日本人と認めた途端、顔をそむけるなど、外国人でもしない仕草をされた時は自国に誇りを持てなくなる。軽く目礼か会釈を交わすくらいの余裕が欲しいものである。せっかく大自然の空気と清澄な街を満喫したいと思ってバンフを散策しても、日本からの観光客に会う度に奇妙な印象を与えられるとバケーシ

ョンの楽しさも半減してしまった。

レイクルイーズ

　トランスカナダ・ハイウェー1はロッキー山脈に沿って北上し、レイクルイーズで再び西に向かいバンクーバーに至る。カナダの持つイメージなのかも知れないが、アメリカに比べてどことなく清潔感を感じるのは、景色や街並みだけではなさそうだ。アメリカの勝ち取った自由に対してカナダは旧英連邦の秩序が遺っているようにも思え、よくアメリカ人が"Canadians are weird（カナダ人は妙だ）"と言っていたのを思い出す。すべてを自由と権利で分断するアメリカ人から見れば、カナダ人は古い考えを引きずるリジッド（厳格）で万事しっくり来ないのだろう。

　森林に囲まれたレイクルイーズはエメラルド色に輝き、太古の美しさに引き込まれる。その畔に佇むホテル、シャトー・レイクルイーズも厳しい景観保護を論議されたせいか、大自然と人間の温かみが巧みに融合している。名称の通りヨーロッパの城を思わせる建築は、カナディアン・パシフィック鉄道の経営で、ヨーロッパに対する郷愁と対抗が混在しているのかも知れない。ケベック州からの観光客も多いとみえて、フランス語が飛び交っている。シャトーに一泊したい気もしたが、ほかに目的地

もあるので日数に余裕が出た時に取っておくことにして、ここからアグネス湖にハイキングに出発することにする。

5kmの山道を登りつめてアグネス湖に辿り着くと、不思議と家族の団結に役立つものである。やはり家族は同じ経験をすることによって価値観を共有することができるし、それがつらいものであればあるほど印象は深い。

車に戻ってプロビンシャル・ハイウェー93で北に向かう。途中すれ違う観光バスは日本人客を乗せたものが多く、なぜか皆寝ているので奇妙な印象を受ける。70km行くと、コロンビア・アイスフィールドと呼ばれるグレイシャー（氷河）が西に横たわっており、巨大なタイヤの雪上車が観光客を乗せている。"乗りたい？"聞くまでもないことだが、家族全員の期待を確認して雪上車に乗り込む。氷河の中央部に立つと北極に舞い下りた錯覚を抱かせ、大自然の営みに憧れを感ぜざるを得ない。

そこへ驚くほどの軽装で到着した日本人観光客たちが日本酒に氷河の切片を入れて飲み始めると、大自然は花見気分に早変わりしてしまった。カナディアン・ロッキーの最北端、ジャスパーにはラフティング（ゴムボート川下り）をはじめ、鱒釣り、マウンテンバイク、乗馬や登山など盛りだくさんのリクリエーションが用意されているが、そこは期限付き車旅行の我が家には無縁と判断

し、タッチダウンするや否やレイクルイーズに引き返す。

カナディアン・ロッキー最終日はやはりシャトーで過ごすのが相応しい。フロントの大柄のカナダ女性は"I'm so sorry, the hotel rooms are booked full（申し訳ございません、部屋は予約で埋まっております）"。私は食い下がった。"What if you put us on the waiting list, is there any chance we can stay here tonight？（ウエイティングリストに載せてくれたら、今夜泊まれる可能性はありますか？）"。彼女は"Let me see what I can do and have a seat there, I'll page you when I get a good news（できることをやってみますからそこに座っていてください。吉報があればお呼び致します）"……と余裕の微笑をもって対応している。しばし待つこと10分、"Sugino family！"と言うのでフロントに行くと"I've found your hotel room, see what I did（あなたの部屋を見つけました。できたでしょ）"と言うので、私は"You saved our lives, you are an angel（我々の生命を救ってくれたあなたは天使だ）"……と応えると、彼女は"杉野さん御家族、どうかシャトーでごゆっくりしてください"。

上智大学に留学していたことのある彼女は、押し寄せる日本人観光客の担当だという。私は"I really appreciate your sense of humor but it astonished me that you still keep the English（あなたのユーモアには実に感謝し

ています。でもあなたが英語を覚えているとは驚きです)"。悪戯好きのカナダ人にはこれくらいのお返しがピッタシと、胸がすく思いである。部屋の窓からはレイクルイーズが闇のカーテンに覆われていく姿が一望でき、しばし家族で見入ってしまう。

大返し

　どうやって帰ろうか？　車旅行は自由度が大きい分、迷ってしまうことも多い。アメリカのインターステートは今まで十二分に走ったので、できるだけカナダを通って帰ろう。トランスカナダ・ハイウェー1を東に進み、ミネソタ州の上から南下すればそこはシカゴ……と地図ではそうなっているが、3000km以上もの距離は言うほど楽ではない。しかも時差は東に向かうほど早くなるので、できるだけ多く走るしかない。

　カルガリーを過ぎると観光地はなく、ひたすらトウモロコシ畑の中を疾走する。アメリカのインターステートと違ってガソリンスタンドやレストランが少なく、常に早目に人間と車の胃袋を満たすことが長丁場のサバイバルだ。

　メディシン・ハットで粗末なドライブインに入ると、店員が一様に困惑している。中にいる客は農村の顔見知りだけで、見たこともない人種をどう扱っていいか分か

らない。英語を話すと分かると一同ホッとしているが、それでもサンドウィッチをどうやって食べるのか凝視している。車に忘れ物を取りに行くと、店の主人が泥だらけになったＶＷバナゴンを覗き込んでいる。"Something wrong？（何か変？）"と聞くと答えずレストランに逃げ込む。人見知りと純朴さはどこの田舎へ行こうと変わらない。アルバータ州を過ぎてサスカチュワン州に入ると、天然ガスの露天掘りがハイウェー沿いに林立している。

レイクルイーズを出てから630マイル（1010km）走り、レジーナに到着。サスカチュワン州では１、２を争う大きな街らしいが、アメリカに比べれば村くらいの規模でしかない。果たしてここに華僑は来ているのか？　特に中華を食べたいわけではなかったが、こんな辺境をドライブしていると日本人と比較したい衝動にかられる。ガスステーションで尋ねると２軒あると胸を張って答える。その中で近いほうに行くと、紛れもない東洋人の顔つきの店員が出迎え、我々が"ニーメンハォ！（こんにちは！）"と言っても"Our generations don't succeed any Chinese culture（我々の世代は中国文化を受け継いでいません)"。この人種の凄まじい生き方を見る思いである。料理技術一本でどこにでも住みつき、さげすまれても力強く生活していく勇気は日本人にはない。

この街のモーテルで一泊した翌日、再びトランスカナ

ダハイウェー1に戻り、ひたすら東へ。ウィニペグを通り、マニトバ州を過ぎると身近な響きのあるオンタリオ州に入る。トランスカナダハイウェー1は、トランスカナダハイウェーとプロビンシャル・ハイウェー17に変わり、森と湖の世界に入る。ケノラを過ぎてからプロビンシャル・ハイウェーは17と71に分かれ、71に乗り南下する。ハイウェー17の先1300マイル（2000km）には首都オタワがある。もうひと踏ん張りと2時間走るとアメリカとの国境に辿り着き、アメリカに入国すると力が抜けてしまった。地名はインターナショナル・フォールズというだけあって、無数の湖水は東のスーペリア湖に注いでいる。オドメーターは630マイル（1010km）を指しており、2日間でちょうど2000km以上走ったことになる。

今夜はここに泊まろう！　湖が点在する中でキャンプサイトのサインを見つけると、家族全員が賛成。カナディアン・ロッキーでの活動に加え、やはり毎日10時間近く車の中にいるだけでも疲れたのだろう。北の台地には既に初秋の空気が漂い、枯れ葉の中でＶＷバナゴンを湖畔のベストサイトに停める。キャンパーはキャンピングカーが数台あるだけで、広大な敷地は空き地のようである。テントは夜の寒さのため誰もいない。一家族15ドルの入場料で泊まれるこのキャンプ場は設備、環境とも極上で、やはり競争社会が生み出す作品と思われる。自然

が豊富だから快適な環境が整うのではなく、市場経済が原理原則になっているから誰もが向上心を掻き立てられる。キャンプ場一つとってみても、万事官庁が統制する東洋の神国は分が悪い。

　ＶＷバナゴンはウェストファリア仕様の天井を跳ね上げて、ものの5分で就寝準備完了。車内から湖上に映し出される秋の日溜まりを見ながら、帰国に傾く気持ちと楽しかったカナディアン・ロッキーの記憶が入り交じってまどろんでいく。最終日は9日目なので休息しながらの走行とはいえ疲労が溜まっている。

　ＵＳハイウェー53を2時間半南下するとドルースに到着。ここでインターステート35に入るかＵＳハイウェー53を取る。理由は幹線のインターステートは安心だが、セントポールなど大都市を通るので渋滞に巻き込まれないためであるが、実際のところ交通量の少ない田舎ではＵＳハイウェーでも時速75マイル（120km）は維持できるので不便はない。

　スーペリア湖に架かる大橋を渡るとウィスコンシン州に入り、急に家路の実感が湧いてくる。オー・クレールでインターステート94に乗り、インターステート90と乗り継いで午後6時帰宅。オドメーターは4500マイル（7200km）を走って北米最後の車旅行を終えたが、往路の3000km以上を2日間で走ったような無謀なドライブ

はこれからは二度とないだろうと、記録更新に満足もした。

著者プロフィール
杉野　繁 (すぎの　しげる)

　1949年富山県生まれ。慶応義塾大学在学中はAIESEC(国際経済商学学生協会)にて活動、アジア・アメリカで学生会議を組織。卒業後、総合商社にて輸出業務に従事。その後、機械メーカーに転じ、1980年アメリカ・イリノイ州に同社販売法人を設立、1988年同社生産工場を建設、北アメリカ事業代表として十数年アメリカで過ごし、1993年帰国。

　現在、国際経営コンサルタントの傍ら、スギノックス・アメリカ代表取締役、日本広域資源循環事業協同組合理事、㈱ピジョン監査役。(社)企業研究会、NBC(ニュービジネス協議会)会員。

　スキューバダイビング、外洋クルーズ、バイクツーリング、トレーラーキャンプ、ジェットスキー、カヤック、四輪レーシング、オフロードバイク、スノーモビル、歴史街道探訪を楽しむ。2003年はオーストラリアの砂漠1,500km、ヨーロッパの古道3,000kmを走破。

辺境（フロンティア）を旅すればアメリカが分かる

2004年2月15日　初版第1刷発行

著　者　　杉野 繁
発行者　　瓜谷 綱延
発行所　　株式会社文芸社
　　　　　〒160-0022　東京都新宿区新宿1-10-1
　　　　　　　　　　電話 03-5369-3060（編集）
　　　　　　　　　　　　 03-5369-2299（販売）

印刷所　　東洋経済印刷株式会社

© Shigeru Sugino 2004 Printed in Japan.
乱丁・落丁本はお取り替えいたします。
ISBN4-8355-7021-9 C0095